本书受教育部人文社会科学研究青年基金项目（16YJC790155）出版基金资助，受山东省自然科学基金项目（ZR2019PG004）出版基金资助

经济管理学术文库·经济类

财产性收入差距代际传递机制及其变动趋势研究

Research on the Intergenerational Transmission Mechanism of Property Income Gap and its Changing Trend

朱金霞　齐玉婷／著

图书在版编目（CIP）数据

财产性收入差距代际传递机制及其变动趋势研究/朱金霞，齐玉婷著 . —北京：经济管理出版社，2020.11
ISBN 978-7-5096-7535-9

Ⅰ.①财⋯　Ⅱ.①朱⋯ ②齐⋯　Ⅲ.①收入差距—研究　Ⅳ.①F014.4

中国版本图书馆 CIP 数据核字（2020）第 164627 号

组稿编辑：赵天宇
责任编辑：赵天宇
责任印制：黄章平
责任校对：陈　颖

出版发行：经济管理出版社
　　　　　（北京市海淀区北蜂窝 8 号中雅大厦 A 座 11 层　100038）
网　　址：www.E-mp.com.cn
电　　话：（010）51915602
印　　刷：北京玺诚印务有限公司
经　　销：新华书店
开　　本：720mm×1000mm/16
印　　张：12
字　　数：209 千字
版　　次：2020 年 11 月第 1 版　2020 年 11 月第 1 次印刷
书　　号：ISBN 978-7-5096-7535-9
定　　价：88.00 元

·版权所有　翻印必究·
凡购本社图书，如有印装错误，由本社读者服务部负责调换。
联系地址：北京阜外月坛北小街 2 号
电话：（010）68022974　　邮编：100836

前　言

居民收入差距中很大一部分由财产差距构成，并且差距会进一步扩大。居民财产差距过大，导致分配格局不均衡，从而对经济发展和社会稳定造成了消极影响。财产是一种模糊地带，不是像资本投资一样直接转化为生产力投资。在现代劳动力市场中，财产内化为个人禀赋，居民拥有的财产弥补了劳动和资本的贡献差异。由于财产占有和财产性收入的区别，增加了劳动者在劳动力市场的"议价"能力，但是作为劳动者的禀赋，财产也在一定程度上恶化了收入的不平等程度，而财产对收入不平等的恶化程度可能随着其代际传递加剧。

我国目前的一些财产代际传递现象说明了该问题对我国代际收入流动性的影响。对财产性收入及其带来的收入差距的代际传递机制和变动趋势进行研究，对于提升政策有效性、改善收入差距扩大的状况等都有重要的意义。我国收入分配制度深化改革的方向是越来越关注公平、逐步缩小居民贫富差距。缩小我国居民之间财产差距和财产性收入差距是调节收入分配格局，实现共同富裕的一项重要课题。而财产的代际传递问题，是财产差距和财产性收入差距的延伸，研究其对收入流动性的影响及其变动趋势，是从长远上实现分配的效率优先，并兼顾公平，改善收入分配格局的重要手段。那么我国财产的代际传递是否顺应代际流动性上升的普适逻辑（Blau & Duncan, 1967），是否造成了社会阶层的进一步固化；财产及财产性收入是通过何种机制传递给下一代等这些问题都有待进一步研究。

本书采用理论分析与实证分析相结合、定性分析与定量分析相结合、规范分析与政策分析相结合的方法，主要研究内容如下：

第一章，绪论。主要是对相关研究背景进行分析，从而发现问题、提出问题，并对之后研究的理论和实践意义进行阐释，对研究内容、方法、重点、难点等进行综述。

第二章，基本理论与相关研究综述。主要对收入、财产性收入、收入流动性等概念进行总结；分析相关理论模型，并对学者对收入流动性相关研究进行综述，为之后研究提供理论支持。

第三章，财产、财产性收入差距的测度及其变动趋势。主要对财产差距及其变化趋势、财产性收入差距及其变化趋势、财产性收入与城乡收入差距关系进行分析，研究当前我国财产、财产性收入差距的具体程度以及变动趋势。

第四章，财产性收入差距的代际传递机制。通过梳理相关研究，厘清各因素如何影响财产及财产性收入代际传递过程，从逻辑上研究财产性收入的代际传递路径，形成财产性收入差距的代际传递机制，并通过初步数据验证相关关系，为下一步的实证研究奠定理论基础。

第五章，财产性收入差距代际传递影响机制的实证研究。主要进行四个实证研究：利用传统代际收入弹性模型分析家庭财产的代际收入传递影响；基于Bewley模型分析家庭财产的代际传递机制及人力资本的中介效应；城乡居民家庭财产代际传递机制差异分析，进行城乡样本分析，对比城乡父代家庭财产及人力资本的代际收入流动性影响和差别；构建父子代际财产差距比值，分析父代家庭财产和各分项财产对父子代际财产差距的影响。

第六章，合理财产性收入代际流动性的政策建议。分别从如何提高财产性收入和合理财产性收入的代际流动性角度提出政策建议。

基于以上研究，我们得到了一些研究结论，诸如：中国居民家庭净财产快速增长，财产结构基本稳定地集中于较为单一的房产，财产不平等较为明显，但是不平等扩展速度较为缓慢，财产性收入在扩大城乡收入差距中起着不容忽视的作用；财产性收入代际传递机制的分析主要依托子代人力资本及其收入效应和子代家庭资本的积累及其财富效应两条路径。实证检验也验证了以上相关路径，认为家庭财产对代际收入传递有一定的解释力。父代家庭财产对子代收入有显著性的正向影响，父代家庭财产对子代人力资本投资有显著性的正向影响，子代的人力资本投资在家庭财产的代际传递中起到了一定的传导中介作用。

目 录

第一章 绪论 ·· 1

  第一节 研究背景及问题的提出 ·· 1
    一、研究背景 ·· 1
    二、研究问题的提出 ·· 10
  第二节 研究意义 ·· 13
    一、理论价值 ·· 13
    二、现实意义 ·· 13
  第三节 研究目标、内容与方法 ·· 14
    一、研究目标 ·· 14
    二、研究内容 ·· 14
    三、研究方法 ·· 15
  第四节 研究重点、难点和创新之处 ·· 16
    一、研究重点、难点 ·· 16
    二、研究的创新之处 ·· 17

第二章 基本理论与相关研究综述 ·· 18

  第一节 代际收入流动性 ··· 18
    一、收入及收入流动性 ·· 18
    二、代际收入及代际收入流动性 ·· 21
  第二节 理论模型 ·· 23
    一、Becker 和 Tomes（1979）基本模型 ····································· 23

二、基于年龄调整的修正模型 …………………………… 23
　　三、代际收入相关系数模型 ……………………………… 24
　　四、条件对数收入模型 …………………………………… 24
　　五、中间变量模型 ………………………………………… 25
　　六、世代交叠的 Bewley 模型 …………………………… 25
第三节　相关研究综述 ………………………………………… 27
　　一、收入流动性研究综述 ………………………………… 27
　　二、代际收入流动现状研究综述 ………………………… 28
　　三、代际收入流动测度研究综述 ………………………… 30

第三章　财产、财产性收入差距的测度及其变动趋势 …………… 34
第一节　相关研究综述 ………………………………………… 34
　　一、财产差距及财产分布 ………………………………… 34
　　二、财产性收入差距 ……………………………………… 39
第二节　财产差距及其变化趋势 ……………………………… 45
　　一、数据来源及研究方法 ………………………………… 45
　　二、财产总量及财产结构发展趋势 ……………………… 47
　　三、财产分布差距及其变化趋势 ………………………… 52
　　四、财产区域差异及发展趋势 …………………………… 56
第三节　财产性收入差距及其变化趋势 ……………………… 66
　　一、数据来源及研究方法 ………………………………… 66
　　二、居民可支配收入与财产性收入 ……………………… 68
　　三、各收入分组居民可支配收入与财产性收入 ………… 71
第四节　财产性收入与城乡收入差距——以山东省为例 …… 74
　　一、数据来源和研究方法 ………………………………… 76
　　二、山东省城乡收入差距及收入结构差异分析 ………… 78
　　三、山东省城乡居民财产性收入及内部差距分析 ……… 85
　　四、城乡居民各项财产性收入的不平等贡献率 ………… 89
第五节　本章小结 ……………………………………………… 92

第四章　财产性收入差距的代际传递机制 ……………………… 95
第一节　相关文献综述 ………………………………………… 95

一、人力资本因素 ………………………………………… 95
　　　二、家庭财产 ……………………………………………… 98
　　　三、社会资本 ……………………………………………… 99
　第二节　财产性收入差距代际传递机制分析 ………………… 102
　　　一、人力资本代际传递及其收入效应路径相关因素作用机制 … 102
　　　二、家庭财产代际转移其财富效应路径相关因素的作用机制 … 107
　第三节　财产性收入代际传递影响因素相关关系检验 ……… 110
　　　一、数据来源 …………………………………………… 110
　　　二、描述性统计 ………………………………………… 111
　　　三、各因素相关关系分析 ……………………………… 114
　第四节　本章小结 ……………………………………………… 119

第五章　财产性收入差距代际传递影响机制的实证研究 ……… 121
　第一节　家庭财产的代际收入传递影响实证研究 …………… 122
　　　一、模型及变量 ………………………………………… 122
　　　二、实证结果分析 ……………………………………… 123
　　　三、研究结论 …………………………………………… 133
　第二节　基于Bewley模型的家庭财产代际传递机制实证研究 … 134
　　　一、模型及变量说明 …………………………………… 134
　　　二、实证结果分析 ……………………………………… 137
　　　三、研究结论 …………………………………………… 144
　第三节　城乡居民家庭财产代际传递机制差异分析 ………… 144
　　　一、城乡居民家庭财产代际收入影响差异分析 ……… 145
　　　二、城乡居民家庭财产代际人力资本影响差异分析 … 146
　　　三、城乡居民人力资本中介效应差异分析 …………… 147
　　　四、研究结论 …………………………………………… 148
　第四节　基于代际财产差距的家庭财产代际传递实证研究 … 149
　　　一、模型与变量说明 …………………………………… 149
　　　二、实证结果分析 ……………………………………… 150
　　　三、研究结论 …………………………………………… 152
　第五节　本章小结 ……………………………………………… 152

第六章 合理财产性收入代际流动性的政策建议 …… 155

第一节 对子代政策建议 …… 155
一、低收入阶层 …… 155
二、中等收入阶层 …… 156
三、高收入阶层 …… 157

第二节 对家庭的政策建议 …… 158
一、低收入阶层 …… 158
二、中等收入阶层 …… 159
三、高收入阶层 …… 160

第三节 对政府的政策建议 …… 161
一、完善市场体制 …… 161
二、加大税收调节 …… 163
三、保障教育发展 …… 164
四、法治和意识引导 …… 165

参考文献 …… 167

第一章 绪论

第一节 研究背景及问题的提出

一、研究背景

随着经济的发展,我国居民的收入差距也有不同程度的表现,收入差距状况不能仅靠一个经济学指标来表述,必须分阶段分析。收入差距在每一个发展阶段有不同的突出问题,例如城乡差距问题、行业差距问题等。收入差距的测算也不能仅考虑个体因素,家庭收入的差距和居民家庭财产的差距等问题近年来逐渐受到关注。首先我们对当前居民及家庭收入和财产差距状况进行分阶段的总结,从中发现每个阶段的突出问题,尤其是找出现阶段我国居民收入分配中的重要影响因素。

我国居民收入差距演变主要可以总结为以下几个阶段:

(一)集体贫困对私有财产严格限制阶段

集体贫困阶段主要是从中华人民共和国成立到改革开放前这一时间段。这一阶段,我国国民经济处于发展水平较低的阶段,无论是城市还是农村,都呈现出全民集体贫困的状况。这一时间段内,我国并没有出现城乡差距、区域差距、行业差距、性别差距等具体收入差距状况。学者并没有对居民基尼系数进行较为完整的测算,这一阶段我国居民基尼系数一直保持了较为稳定的、低水平的状态。对于建国初期的基尼系数并没有科学合理的度量,但是大概估计结果表明,城镇居民基尼系数约为0.16，农村地区稍微高于这一水平，但是仍然很低的水平，这个数值可以代表这一时期的基本状况。也就是说，我国这一阶段收入差距较小，但是处于普遍低收入水平，是建立在低水平上的平均主义。

这一阶段我国贫富状况出现这种现象与当时中华人民共和国刚刚成立、国内外形势不稳定、社会环境复杂等原因密不可分。实际情况也证明了这一结论。中华人民共和国初期人口数量约为54167万人，其中约90%都是农村人口，而城镇人口占比不到10%。而中华人民共和国初期的经济总量（GDP）约为179.56美元，人均收入水平仅为18美元。当时全国耕地资源约15亿亩，人均达到2.7亿亩。大部分城镇人口基本上从事公有制经济体制的工作，获取国家体系的工资。人口的迅速膨胀，也给当时我国经济发展带来了巨大的压力。到20世纪60年代我国人口总数达到74542万人，其中农业人口比例达到80%以上。这些现实数据表明我国在这一阶段的基本状况：人口基数大、增长快，人均资源占有水平较低，全民集体贫困。

经过以上分析我们可以看出，中华人民共和国初期的这一阶段，我国基尼系数表现出来的收入差距水平并不大，但这是建立在经济发展水平较低，行政管制严格的经济、社会体制基础上的，是一种不利于长远发展的状况。

在这一阶段，居民的收入差距问题并未成为国家重视的问题。国家和社会对于个体拥有的私有财产进行了严格的限制，对于多数私有财产并不认可。个体也很少有机会和可能利用所拥有的财产进行获利。因此，社会更加承认劳动创造财富，除了劳动以外其他生产要素的利用率低。全社会生产资料公有化，个体不能进行私人生产，以个体劳动参与到分配环节。这种环境从理论和实践上都断绝了私有财产的发展可能。

（二）收入差距扩大阶段

我们将1978年改革开放以来我国居民基尼系数绘制成折线图（见图1.1），从整体趋势来看，居民的收入差距从1978年开始逐渐扩大，并进入较为稳定的状态。具体来看，不同时期有不同的变化特点。

从改革开放到2001年，我们将这一阶段归纳为居民收入差距扩大阶段。改革开放以来，我国对于分配制度也进行了改革，形成了以按劳分配为主体，多种分配方式共同发展的分配体系。逐渐打破原来的绝对平均主义，效率优先，实现一部分人先富起来的目标，同时又兼顾公平，防止两极分化现象。这一阶段，社会、经济生活都实现了巨大的改革。在城市中，政府对国有企业进行放权改革，让除了劳动以外的其他生产要素，比如技术、资本、管理等都参与到生产中。在改革的过程中逐步确立了社会主义市场经济的地位，充分利用市场调节财富分配，合理地拉开收入差距。

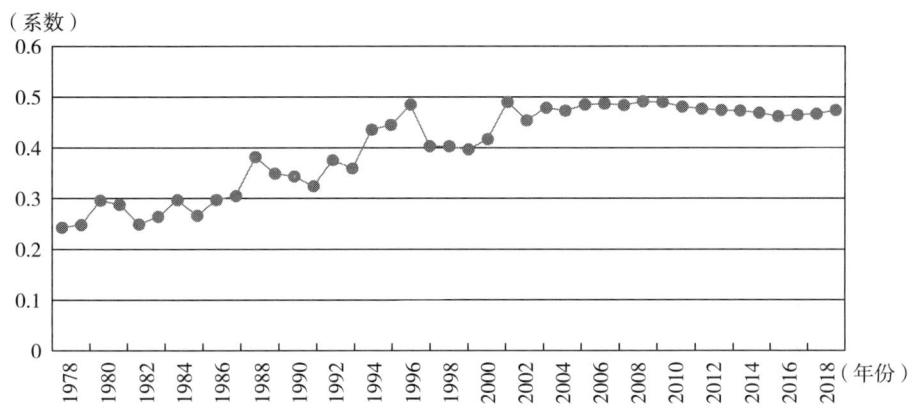

图 1.1　1978～2018 年基尼系数

注：2018 年为大约计算值。

数据来源：中国统计年鉴。

由图 1.1 可以看出，从整体趋势来看，1978～2001 年这一阶段居民收入差距是在波动中上升的。基尼系数从 1978 年的 0.243，到 2001 年的 0.490，这个过程中出现了一些波动，比如 1980 年基尼系数为 0.296，而 1982 年基尼系数下降至 0.249，1984 年基尼系数又扩大至 0.297，类似的波动在 1988～1989 年、1992～1993 年、1996～1997 年也有出现。所以说这一时期基尼系数是在波动中增长。这个阶段改革开放政策逐渐推行，国家经济快速发展，收入差距逐渐拉开，并且这一时期居民收入差距也产生了波动。这一阶段之所以会波动中上升可以做如下分析：

（1）城乡差距阶段性变化。改革开放初期，农村家庭联产承包责任制的实行，充分调动了农村居民的积极性，提高了劳动生产率和农民收入水平。据国家统计局公布数据，这一时期农村居民人均收入在 1978～1984 年的 6 年间年均增长率达到近 18%，城镇居民同时期收入年均增长率仅约为 8%。这一时期的城乡收入比由 1978 年的城市是农村的 2.6 倍下降至 1983 年的 1.8 倍。农村经济的快速发展，使得城乡差距有所缩小，城乡差距对整体差距的影响也逐渐降低。但是城乡差距的缩小也不足以扭转经济整体发展、各要素共同参与生产带来的差距。

而1984~1988年，改革开放重点转移至城市，城市经济发展迅速，居民收入差距快速拉大。这一时期企业改革稳步推行，企业承包责任制使得企业的生产率不断提高，城市居民收入水平提高，当然由于各种生产要素参与生产，收入与要素、绩效等各因素挂钩，城镇居民的收入水平也不尽相同，城镇居民内部收入差距也逐渐拉大。而此时的农村经济经历了迅速发展之后，制度推行之初带来的增速逐渐降低并趋于稳定。城市制度推行的作用开始迅速发挥，城市中，劳动者的收入与其劳动贡献率直接挂钩，劳动分配成为分配中最重要的部分。另外，在劳动贡献基础上，实现了多种生产要素共同参与分配。劳动贡献差异、投资方式不同、投资效益差别、个体生产要素的占有数量和质量差异等在竞争机制的市场中必然使得收入差距不断扩大，城乡居民差距重新拉开。

1992年开始，社会主义市场经济改革推行，1993年改革基本框架确定，改革大刀阔斧地进行，当然改革中也出现了一些问题，比如企业改革后出现职工下岗，失业率上涨，使得城市居民收入因改革带来的快速增长逐渐减慢，在一定程度上也放缓了逐渐拉大的城乡收入差距。而社会主义市场经济体制的优势在后期发展中逐渐显现，经济发展迅速，政府为了防止经济的过热发展，采取了一定的调控措施，调整经济过热的发展态势，而1997年金融危机的出现也波及了我国经济，因此无论是城市还是农村居民收入都受到了影响，收入差距出现一定程度的缩小。

（2）地区差异。改革开放是阶段性的也是区域性的。地区收入差距，是整个收入分配差距中的重要组成部分之一。我国的改革开放从经济特区开始，逐步延伸至东部沿海城市和地区。由于区域优势，东部地区成为改革开放最直接、最大受益的地区。大量的资金、技术，先进管理经验、人才等随着改革开放流入东部地区，使得东部地区经济实现了大跨度的增长。因此逐渐拉开了东部地区与中西部区域的居民收入差距。据国家《收入分配问题研究》课题组测算，改革开放的前十年，东部与中部地区城镇居民人均可支配收入绝对值差增加了66倍，东部与西部地区城镇居民人均可支配收入绝对值差增加了65倍。但是地区差异在随后的十几年时间中逐渐有缩小的趋势，到1990年左右地区差距达到前后几十年的最低值。按照东中西部划分，我们根据国家统计局公布的年鉴数据计算了东中西部的平均GDP水平，我们以中部地区为基准，设定为1，结果显示，1989

年东部地区为中部的 1.9 倍，而西部地区仅为中部地区的 0.9 倍。到 1998 年，社会主义市场经济体制确立和逐渐推行，东部沿海地区具有天然的地理优势、资源优势和政策优势，因此发展尤其突出。东部地区是中部地区的 2.2 倍，西部地区是中部地区的 0.8 倍，即东中西部的差距又拉大，也逐渐形成了东中西部逐渐递减的发展梯度。

（3）行业差距的拉大。从行业差距来看，此时的垄断行业与非垄断行业共同发展，但是由于垄断行业得天独厚的资源条件、政策支持等更容易获取高额收益，行业差距逐渐拉大。例如，当时邮电通信、航空、金融等行业的员工平均工资远高于其他行业。1999 年平均工资最高的行业（金融保险业）是平均工资最低的行业（农林牧渔业）的 2.49 倍；1978~1999 年，二者职工工资绝对差额由 458 元扩大到 7214 元，扩大了 14.8 倍。

（4）高低收入群体差距。由于经济体制、分配制度等的改革，我国逐步确立了公有制为主体的经济体制，各种生产要素与劳动一起参与分配，多种所有制经济共同存在。这使得个体经济、民营经济、外资经济繁荣发展，这些经济形式中的受益者实现了"先富"的目标。根据一项关于温州私营经济业主的调查发现，私企业主的年收入是一般企业员工收入的 21 倍之多。如果私营企业规模较大（大于百万资产），这一数据扩大到 79 倍。另外，承包、租赁、股份、合资、合作经营等模式不断产生和发展，也使得一部分高收入者应运而生。这一群体的年收入在当时约为 10 万元左右。当时不仅出现了百万人口的百万富翁，也产生了相当数量的千万甚至亿万富翁。统计局数据显示，2000 年中国居民的 6 万多亿元储蓄存款的 66% 来源于 10% 的居民。但是，当时我国城镇居民中还有大量的职工下岗，成为低收入群体。据资料显示，截至 2000 年我国仍有 1382 万处于城镇低保线以下的城镇人口。

这种高收入群体与低收入群体的差距问题主要是由于改革过程中宏观调控体系不健全导致。例如，税收机制不健全、监督管理机制缺陷、高收入群体在初次分配和再次分配中都占据有利地位。据统计结果显示，1999 年我国个税收缴额仅为应缴纳额度的 1/2 左右。另外，低收入群体保障机制不健全，各种贫困保障机制、最低工资制度等刚刚起步，覆盖面较为狭窄。

（三）收入差距稳步上升阶段

从图 1.1 来看，我国居民基尼系数从 2002 年 0.454 稳步上升至 2009 年 0.490，收入差距逐渐扩大。

自1997年开始,党和国家推行了一系列推动经济发展,提高居民收入的指导意见和政策。例如在党的十五大报告中将我国的分配制度确定为按劳分配为主体,多种分配方式并存。党的十六大报告进一步完善了这一分配制度,提出了各生产要素按贡献参与分配,也就是说劳动和其他生产要素共同参与分配,资本、技术、管理等要素也可以获得相应的分配权益。这样的分配制度充分激励了城市、乡镇、农村各地区经济的发展,刺激农村剩余劳动力向城市的流动,增加农民收入,同时强调了效率优先、兼顾公平的原则,一定程度上缩小了城乡收入差距。根据国家统计局数据可知,2002~2006年我国城乡居民收入差距逐渐上升,甚至超过了1984~1988年高城乡差距时期,根据国家统计局公布数据计算所得,城市居民收入是农村居民收入的近3.3倍。这主要是由于国企改革制度推行之后,国有企业的效益提高,城市居民工资性收入增加,加之当时行政规划重新设立,撤乡并镇,这都是使差距不断扩大的原因。

从区域来看,为了均衡区域经济发展以及协调城乡经济发展,党的十六大提出了"五个统筹"的战略,为了刺激农村经济发展,提出了一系列有利于农村经济和农民增收的政策,如取消农业税等,使城乡发展差距缩小,城乡收入差距及区域间收入差距拉大的趋势减慢。但是这一时期较为突出的是行业差距继续扩大。例如,垄断与非垄断行业差距扩大,这一时期证券业收入与农林行业差距绝对值,仅2003~2009年这七年时间增加了115363元,增加幅度达到320%。从证券业工资收入发展来看,七年间年均增长率为42%,而农林业等年均增长率仅为证券业一半左右。行业内部的工资收入增速差异使得行业间差距继续拉大,且这样的工资差异在各行业内部形成了较为明显的马太效应,继续扩大了行业差距。

(四)收入差距与财产差距并存阶段

从图1.1中可以看出,自2009年开始我国基尼系数逐渐下降,收入差距拉大的趋势得到改善,但是财产差距逐渐拉开,形成了收入差距趋向下降、财产差距迅速扩大的趋势。

1. 收入差距趋向下降

根据国家统计局公布的基尼系数,2009年我国居民基尼系数为0.49,而在随后的几年基尼系数逐年降低,2015年低至0.462,直至2017年基本维持0.46~0.47的水平,可以说我国居民收入差距扩大趋势基本得到控制,且有逐年稳步下降的趋势。这充分体现了党和国家对居民收入公平的重视,各项政策实施过程中既保证了经济发展效率，同时注意兼顾公平。例如党的十七大报告中明确要求要深化分配制度改革并提出要提高居民收入的比重和劳动报酬的比重，增加居民收入在国民收入分配中的作用，增加劳动在初次分配中的重要性。这有利于在增收过程中充分兼顾公平。党的十八大报告明确提出要稳步发展经济，但是在发展过程中要保证公平，实现共同富裕。而到2014年党的十八届三中全会也提出收入分配过程中尤其要关注中低收入者增收问题，扩大中等收入群体的比例，从城乡收入、区域收入、行业收入等各方面缩小收入差距。再到2016年，"十三五"期间，党和国家明确要求降低对企业的税收，再次分配调控要更加合理，"提低、扩中、控高"。2017年国家发改委也提出将组织开展城乡居民增收综合配套政策试点、专项激励计划试点和收入监测试点。随着政策的落地，技能人才、科研人员、新型职业农民等多个群体有望实现增收。明确四大方面工作：一是完善初次分配制度；二是加大再分配调节力度；三是营造良好环境和氛围；四是夯实收入分配制度改革基础。

由数据计算结果来看，自2012年城乡差距逐渐降低，其中由于党和国家对农业、农村、农民问题的特别重视，一系列加快解决"三农"问题的政策推出，如建设社会主义新农村，发展现代农业、拓宽农民增收渠道，并配套实施科普惠农、大力发展农村金融等政策措施，促进了农民增收。数据表明2014年城市居民可支配收入为农村居民纯收入的2.9倍，达到近十年来的最低水平。

从行业差距来看，2018年城镇单位就业人员中，工资收入最高的信息传输行业与最低的农林行业绝对差距值为111212元，最高收入行业是最低收入行业收入的4倍，最高收入行业是全国平均收入的1.79倍；而2010年最高收入的金融业比最低收入的农林行业绝对值差距为53429元，最高收入行业是最低收入行业的4.2倍，是全国平均收入的1.9倍，从数据结果来看，行业差距有所降低。

如图1.2所示，从区域差距来看四大区域可支配收入，东部地区明显高于其他三个区域，但是从东部地区与西部地区绝对差值来看，从2013年的9739元到2018年的14362元，绝对差值逐年扩大。但是从相对差值来看，最高的东部地区与最低的西部地区比值，从2013年的1.7∶1到2018年1.65∶1，整体趋势逐年下降。

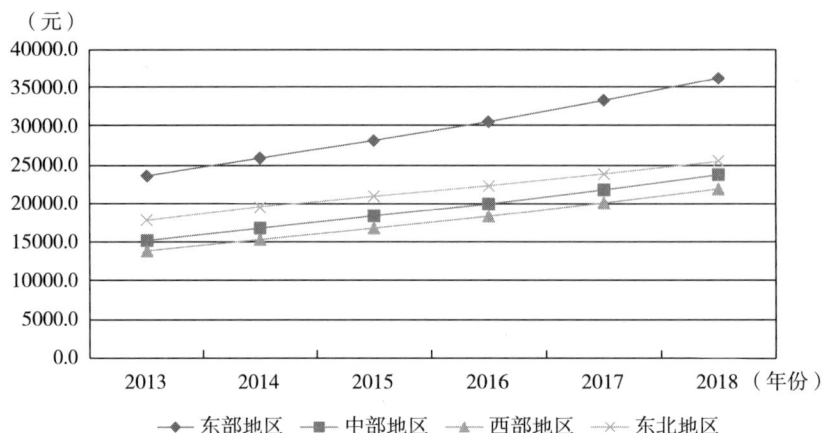

图 1.2　2013～2018 年四大地区人均可支配收入

数据来源：中国统计年鉴。

2. 财产差距迅速扩大

自 2000 年以来，对于我国财产状况及财产差距的扩大及不平等程度的加深的研究逐渐增多（李实等，2005；李培林和陈光金，2008），2002 年我国家庭净财产的基尼系数为 0.55，2012 年我国家庭净财产的基尼系数达到 0.73（中国民生发展报告，2014），最富人群的 1% 占有了全部财产的 1/3 以上，而 1/4 的最贫困人群仅拥有全部财富的 1%。经过十几年的发展，中国现在已经成为世界上财产分配高度不均等的国家之一。在 20 世纪 80～90 年代，全国居民财产分配差距很不明显，如 1995 年全国财产分配的基尼系数为 0.40，财产差距的基尼系数甚至低于收入差距的基尼系数。即使到了 21 世纪初期，如果把当时中国财产分配差距放在国际背景下来看，其财产差距小于中国的国家并不多见。然而，根据中国收入分配研究所发布的 2014 中国民生发展报告，全国财产基尼系数约为 0.73，大大超过了收入的基尼系数。财产分布不均问题不仅存在于中国，世界各国都存在财产差距问题。如图 1.3 所示，除了德国和奥地利之外，欧元区的绝大多数国家的财产基尼系数都低于中国的 0.73。财产分布比收入分布更不平等（Keister，2000；Scholz & Levine，2003），研究表明财产所反映的种族差距也比收入差距大得多（Menchik & Jianakoplos，1997；Oliver & Shapiro，2006）。通过对 20 世纪 80 年代美国的数据研究表明，财产与收入的相关性重要的一部分来自通过财产获得的收入（Lerman & Mikesell，1988）。财产作为衡量家庭经济水平的一个重要指标受到关注。

李实等（2010）研究结果显示，2002年房产占城镇居民家庭净财产的64%左右，这一比例到2010年增加到76.7%，中国的财产结构中，房产是家庭财产的主要组成部分。其他国家这一比例远低于中国。例如，澳大利亚2002年房产占比为54.2%，美国这一比例为52%，意大利2000年这一比例仅为37%。从数据来看，虽然房地产在其他国家家庭财产中也是主要的组成部分，但是与中国相比，比例还存在很大差距。另外，金融资产占家庭净财产的比例国家间相差也较大。美国、日本等发达国家金融资产占家庭净财产的比例达到30%以上（Jantti et al.，2008）。

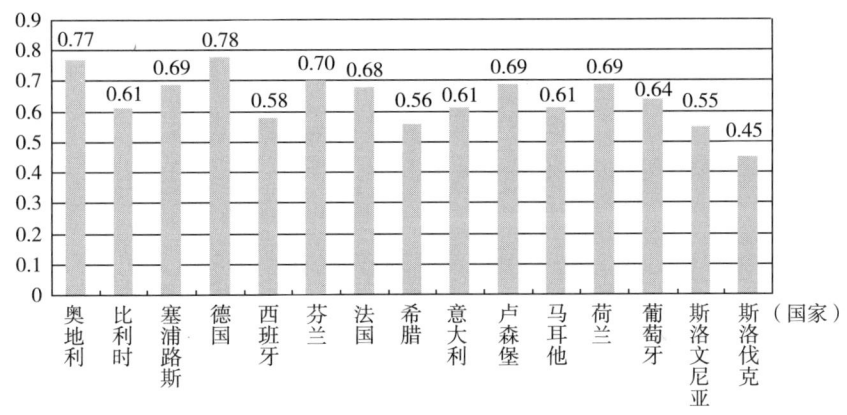

图1.3　2010年欧元区各国财产基尼系数

数据来源：http：//www.ecb.europa.eu/pub/pdf/scpwps/ecbwp1648.pdf.

相比西方发达国家的财产分布，中国居民的财产分布体现了中国的特殊历史状况。改革开放以来，市场经济制度的推行和完善，民营企业、股份制企业、外资企业等各种经济体的存在使得极少数人短时间内积累了大量的财富，财产的不平等程度提高。进入21世纪以来，中国房地产市场的不断发展，中国住房制度不断改革，房产成为家庭财产的最重要组成部分。大部分居民的房产是在市场化的基础上住房私有化。Walder和He（2014）的研究结果显示，住房私有化使得家庭财产实现了急速增加。

财产差距的形成和上升是随着财产制度的变化而变化的。随着人们收入增加带来的储蓄增加，私有经济发展带来私有资本增加，公有住房私有化，寻租收入转化为私有财产，财产积累在加速的同时，财产差距也在加速扩大，也就出现了现在看到的财产差距的基尼系数远远大于收入差距的基尼系数的情况。

首先，这一时期中国居民的财产价值出现了高速增长，即使按照不变价格测量，中国居民人均财产价值的增长率超过了同期的人均国民收入和人均家庭可支配收入的增长率。同时，居民财产分布差距的扩大速度也是超常的。用各种不均等指数衡量居民财产差距都出现了大幅扩大。2010年城镇居民财产分布差距已达到0.632的高水平，农村居民财产分布基尼系数约为0.706，全国居民平均基尼系数为0.739（李实等，2014），中国已成为世界上财产分配高度不均等的国家之一。

其次，中国居民的财产结构发生了很大的变化，其中之一是财产持有形式越来越向房产集中。在房价的助力下，房产价值占居民总财产的比重已达到超高的水平。与此相对应的是，金融资产所占比重出现较大幅度的下降；而其他资产形式，尤其是生产性固定资产所占的比重则变得无足轻重。在房产价值比重上升的同时，房产价值的集中度也在上升，使得其成为推动居民总财产分布差距扩大最主要的结构性因素。

最后，居民财产分布差距扩大速度，对于其他国家来说，也许要经历几十年甚至上百年的历史，而对于中国来说只用了不到十年的时间。虽然我们现在还难以估计它对社会稳定所带来的影响，但是我们认为它对社会公众所带来的心理冲击是不可低估的。特别是在部分人群财产来源的合法性受到质疑的情况下，过大的社会财产分配差距以及差距的快速扩大无疑会成为影响社会不稳定的潜在危险因素。

整体来说，当前我国财产差距已经达到了贫富分化的程度，并且贫富差距扩大对经济健康发展形成了负面影响（迟巍和蔡许许，2012）。贫富差距作为收入差距扩大的结果，反过来又成为作用于收入差距的一个日益重要的原因，不仅促进了收入差距的扩大，同时使得各收入阶层更加"固化"，阻碍了居民财产的流动性，恶化了收入分配的不公平（吴福象和葛和平，2014；谢婷婷等，2014；叶秀娟，2014）。

二、研究问题的提出

2012年的一项调查显示，75.4%的被调查者认为贫富分化问题将会成为阻碍中国未来十年发展的关键问题。① 十二五规划纲要明确指出,党和政府要努力调整我国当前的收入分配格局,让居民获得更多的收入,以实现收入差距扩大的控制,向有利于经济、社会进步方向发展。② 因此,居民收入分配的公平与合理问题,一直都是连接着人民生活状态与国家繁荣稳定的关键因素。

随着经济的发展,财产差距问题是近年在我国社会和经济现象中显现得越来越明显的问题。萨缪尔森很早就指出,收入差距形成的原因中,个人能力仅仅是一小部分原因,最重要的是财产分配的不均衡。财产的差异之后才是个人能力、受教育水平等与个体劳动能力相关的因素。托马斯·皮凯蒂在《21世纪资本论》中通过研究收入与不平等问题阐明:富人的大部分收入并非来源于他们的工作,而是来自他们已经拥有的财产。③ 福布斯富人榜以及其他一些富人榜,往往讲的都是他们的财产。百万富翁、千万富翁或者亿万富翁,这个富翁的概念不是指他收入多少,而是指他有多少财产。

当前许多研究在讨论收入分配问题时,通常把对现有成果分配的再次分配作为调整收入分配格局的重要方式和手段。但是这种再次分配,一次来说是有效的,但是是静态效果,并不能实现贫富差距的长期调整效果。首先在初次分配上进行调整,也只是对"生产成果"的短期调整。其次是各生产要素的价格问题,主要表现在劳动和资本的关系角度,表现形式即工资与利润的多寡。这种调整必然面对这样的矛盾:工资上涨,企业压力增加,企业面对挑战;反之,员工很难接受工资的下降。而在市场经济的条件下,到底是利润多一些还是工资多一些是靠市场运行自动调节,那么结果往往会是利润最终增加,而员工的收入会降低,那么依靠工资维持生计的员工并不能在市场机制的调节下变得富有。

2011年,时任总理温家宝的政府工作报告中提出了我国"十二五"时期的主要目标和任务,强调了要逐步扭转收入差距扩大的趋势。党的十八大报告对收入分配的公平做出安排,提出"不仅初次分配要注重效率,而且再分配要更注重公平,要多渠道多途径增加居民财产性收入"。这引发了国内理论界对于财产问题和财产性收入问题的广泛关注和讨论。这也证明不仅生产要素的所有者是收益

---

① 中国青年报. 万人民调显示公众最焦虑贫富分化阻碍国家发展 [EB/OL]. http://news.sina.com.cn/c/2012-11-06/042025516686.shtml.
② 中华人民共和国国民经济和社会发展第十二个五年规划纲要 [J]. 中国乡镇企业,2011 (4): 4-61.
③ 托马斯·皮凯蒂. 21世纪资本论 [M]. 巴曙松等译. 北京:中信出版社,2014.

分配的主体，财产所有者也应当参与其中。

财产在收入累积的基础上形成，收入是产生财产的根本原因。收入差距的积累形成实际占有财产多少的差距，即造成财产差距。财产性收入依附于财产而存在，是财产所有者对财产享有的权利在经济上的体现。在财产差距的基础上形成了财产性收入差距。中国居民贫富分化日益严峻，成为影响经济效率与社会公平的主要矛盾之一。《中国民生发展报告2014》的研究表明我国财产基尼系数达到了0.73的高位。而国家统计局公布统计数据显示，近十年来，中国每一年的基尼系数都超过0.47，收入差距较大。收入差距与财产差距都呈现出迅速上升的趋势，并且财产差距及其扩大速度远超过收入差距。所以，只是就收入上来讨论分配问题，最终无法缩小贫富差距。

当然，财产与财产性收入并不是自然转化的，并不是拥有了财产就能坐收利益，自动获得财产性收入，也不是占有的所有财产都能够实现转化。财产性收入依附于财产存在，财产是财产性收入产生的源头。当财产进行投资转化时，其本身的价值通过市场交易被实现，从而获取到财产性收入。例如家庭将自身累积的部分财产通过投资证券市场、房地产市场等取得收入。房地产市场在城市中也更为活跃，自住房的私有制改革之后，住房分配问题成为居民关注的重点问题，也是关系到人们切身利益的最重要的问题。住房改革使得房地产市场货币化发展，房地产价格的上涨使得住房财产成为居民家庭财产中的重要组成部分，也使得其家庭财产的构成更加不合理和不平等。随着房地产市场买卖活动的活跃，住房财产越来越趋于两极化。住房财产的占有两极化以及住房价值的两极化问题，直接影响着居民家庭财产差距的分化，进一步地加速了收入差距。不断拉大的收入上的差异和财产的差距，必然会影响到不同收入群体间的和谐相处，造成不同收入阶层的矛盾和冲突，引发不安全事件。

所以，贫富差距包含了两个重大的含义：过大的收入差距和巨大的财产差距。只是就收入上来讨论分配问题，最终无法缩小贫富差距。因此本书做如下思考：我国财产的代际传递是否顺应代际流动性上升的普适逻辑（Blau & Duncan, 1967）？还是造成了社会阶层的进一步固化？财产及财产性收入是通过何种机制传递给下一代的？这些问题有待进一步的研究。

第二节 研究意义

一、理论价值

社会公平不仅是贫富差距问题,也是贫富转换问题,也就是贫富阶层的流动。在较大收入差距的同时保持较高的收入流动性,从长期来看并不会恶化收入分配。居民收入差距中很大一部分差距由财产差距构成并进一步扩大。居民财产差距过大,分配格局不均衡,对经济发展和社会稳定造成了消极影响(李实等,2000;李培林和陈光金,2008)。财产是一种模糊地带,不是像资本投资一样直接转化为生产力投资。在现代劳动力市场中,财产内化为了个人禀赋,居民拥有的财产弥补了劳动和资本的贡献差异。由于财产占有和财产性收入的区别,增加了劳动者在劳动力市场的"议价"能力,但是作为劳动者的禀赋,财产也在一定程度上恶化了收入的不平等程度。而财产对收入不平等的恶化程度可能随着其代际传递加剧。

我国目前的一些财产代际传递现象说明了该问题对我国代际收入流动性的影响。对财产性收入及其带来的收入差距的代际传递机制和变动趋势进行研究,对于提升政策有效性、改善收入差距扩大的状况等都有重要的意义。

二、现实意义

经过三十多年的发展,居民收入的数量和构成也不断提高和改善,一方面居民收入逐年提高;另一方面居民收入不仅是工资的单一形式,而是多种形式共同发展。财产性收入的增加必然使得总收入不断提高,家庭总收入的增加又在一定程度上有助于更多的财富积累,这样就形成了我们所说的"富者愈富,穷者愈穷"的马太效应,使得高收入阶层与低收入阶层的分化更为明显。财产差距的扩大以及在此基础上形成的财产性收入差距,和谐社会也将面临严峻挑战。对于收入分配问题,党和政府都提出了收入分配要体现"效率优先、兼顾公平"的原则。认为在收入分配调整过程中要做到注重初次分配的效率性,注重再次分配的公平性。正确地处理公平与效率的关系,使二者达到协调促进的效果,适当地拉开收入差距，发挥分配的激励作用。另外，要以防收入差距过大带来经济和社会矛盾，引发不安全因素。党的十八大不断强调收入分配格局的改革完善问题，着力解决贫富差距的扩大，提高社会发展的效率性、公平性。由此看来，我国收入分配制度深化改革的方向是越来越关注公平、逐步缩小居民贫富差距。缩小我国居民之间财产差距和财产性收入差距是调节收入分配格局，实现共同富裕的一项重要课题。而财产的代际传递问题，是财产差距和财产性收入差距的延伸，研究其对收入流动性的影响及其变动趋势，是从长远上实现分配的效率优先并兼顾公平，是改善收入分配格局的重要手段。

第三节 研究目标、内容与方法

一、研究目标

本书通过测度我国居民财产、财产性收入差距及其发展趋势，并在此基础上深入考察居民财产性收入代际传递机制，分析家庭财产的代际弹性系数，研究家庭财产对居民代际收入流动性的影响，进而从动态的视角阐释当前我国财产性收入差距扩大的原因。寻找提高我国居民整体代际收入流动性及解决收入差距代际传递负面影响的途径。对我国的人力资本投资政策、税收政策、房地产市场规范政策等提出在加强代际收入流动性意义上的建议，为缩小城乡差距提供建议，为加强我国长期收入分配的效率和公平，提供政策优化建议。

二、研究内容

本书以"提出、描述、分析、政策建议"的思路来渐进、系统地研究"财产性收入差距的代际传递"问题。最终形成了六章内容：

第一章，绪论。主要是对相关研究背景进行分析，从而发现问题、提出问题，并对之后研究的理论和实践意义进行阐释，对研究框架和方法进行综述。

第二章，基本理论与相关研究综述。主要对收入、财产性收入、收入流动性等概念进行总结；分析相关理论模型，并对学者对收入流动性相关研究进行综述，为之后研究提供理论支持。

第三章，财产、财产性收入差距的测度及其变动趋势。主要对财产差距及其变化趋势、财产性收入差距及其变化趋势、财产性收入与城乡收入差距关系进行分析，研究当前我国财产、财产性收入差距的具体程度以及变动趋势。

第四章，财产性收入差距的代际传递机制。通过梳理相关研究，厘清各因素如何影响财产及财产性收入代际传递过程，从逻辑上研究财产性收入的代际传递路径，形成财产性收入差距的代际传递机制，并通过初步数据验证相关关系，为下一步的实证研究奠定理论基础。

第五章，财产性收入差距代际传递影响机制的实证研究。本章主要进行四个实证研究：利用传统代际收入弹性模型分析家庭财产的代际收入传递影响；基于Bewley模型分析家庭财产的代际传递机制及人力资本的中介效应；城乡居民家庭财产代际传递机制差异分析，进行城乡样本分析，对比城乡父代家庭财产及人力资本的代际收入流动性影响和差别；构建父子代际财产差距比值，分析父代家庭财产和各分项财产对父子代际财产差距的影响。

第六章，合理财产性收入代际流动性的政策建议。分别从如何提高财产性收入和合理财产性收入的代际流动性角度提出政策建议。

以上内容的分析，主要基于以下几个基本研究观点：

（1）考虑财产差距及财产性收入差距代际流动性，可以更加完整准确地综合衡量我国贫富差距对社会公正的影响程度。代内财产差距与财产性收入差距及其代际传递，会导致社会阶层的加速变动，直接影响静态的居民收入公平感，影响经济效率。

（2）财产差距及财产性收入差距及其流动性存在代内、代际的结构性差异。城乡、性别、区域、收入阶层等代内、代际财产差距及财产性收入差距呈现不同特征，分析具体差异，解决影响流动性最重要的因素，才能够实现有效率的分配。

（3）财产及财产性收入差距的代际收入流动性传递机制较为复杂。一方面通过父代财产及财产性收入间接对子代人力资本投资的影响，进而影响子代收入，影响收入流动性；另一方面通过父代财产及财产性收入的直接转移对子代禀赋产生影响，直接影响子代拥有的社会资源，固化其贫富阶层。

三、研究方法

（1）财产、财产性收入差距及其结构的研究。基本的数据统计和计算、绘制洛伦兹曲线、计算基尼系数、泰尔指数等指标测度中国改革开放以来财产差距及财产性收入差距的变化趋势；对全国、城镇、农村居民财产差距进行分解，探索居民财产差距的构成及影响因素。

(2) 财产性收入差距代际传递的测度及机制揭示。

第一，对财产性收入代际传递机制揭示利用经济学相关原理，进行逻辑分析，分析其经济学逻辑关系。

第二，对家庭财产的代际收入传递影响主要基于 Becker 和 Tomes（1979）的代际收入弹性经典模型和条件代际收入弹性模型，利用 CFPS（Chinese Family Panel Stndies）成人库、家庭经济数据库及村居库相关数据，分析了子代和父代个体特征差异对代际收入流动性的影响，家庭财产及各分项对代际收入流动性的影响，子代个体特征差异下家庭财产的代际收入流动性影响，融合子代和父代个体特征的家庭财产代际收入流动性影响等问题。

第三，利用 Bewley 模型和 Gregg 等（2013）在研究人力资本因素在代际收入流动性中的作用时所使用的实证模型，即代际弹性系数分解法，基于 CFPS2014 年截面数据，分析了居民家庭财产对子代收入的影响，居民家庭财产对子代人力资本的影响，人力资本投资中介作用分析，家庭财产各分项的代际收入流动性的影响以及城乡家庭财产代际收入流动性影响差异问题。

第四，基于代际收入弹性基本模型，用代际阶层差替换子代收入对数，构建基本回归模型、基于父代财产影响的模型、基于父代各财产分项的模型，利用 CFPS 相关数据分析父代家庭财产和各分项财产对父子代际财产差距的影响。

第四节　研究重点、难点和创新之处

一、研究重点、难点

从研究内容出发，本书的研究重点集中在以下四个方面：

(1) 本书旨在全面研究财产及财产性收入的代内、代际差距及代际传递问题，通过实证结果分析财产因素对收入分配和收入代际传递的作用，提出收入分配政策优化方案。

（2）在实证分析方法上，通过多角度，不同指标进行全面的实证分析验证。

（3）在研究财产问题中，尝试研究财产的代际传递机制，财产的代际传递将是未来收入分配的重要问题。

（4）对财产的代际传递作用进行检验，并分析其对代际收入差距的作用，以期收入分配政策优化中可以兼顾经济效率与社会公平。

二、研究的创新之处

本书可能的创新之处主要有：

（1）国内对于收入分配代际传递已有一些研究，但对家庭财产及在财产基础上形成的财产性收入的代际传递问题研究成果较少，以往研究更多集中于对财产代内不平等的分析，而对财产的代际传递较为系统的理论和实证研究较少。本书不仅对财产代内不平等进行研究，更对居民家庭财产代际传递机制进行了理论分析，系统研究了家庭财产的代际传递路径，同时又进行了具体的实证分析验证，从理论到实证进行了全面系统的分析检验。

（2）在实证研究中，本书充分利用各基本模型和扩展模型，多角度多方面地进行家庭财产及财产性收入差距代际传递的影响机制分析，能够更好地验证代际传递逻辑分析结果。

（3）通过研究家庭财产的代际传递机制，寻找提高中国居民的整体代际收入流动性、收入差距代际传递的解决途径。从人力资本投资政策、税收政策、房地产市场规范政策等方面，提出在加强代际收入流动性意义上的建议，为缩小城乡差距提供建议，为加强我国长期收入分配的效率和公平提供政策优化建议。

第二章 基本理论与相关研究综述

本章对代际收入流动性相关概念、理论模型和研究综述进行梳理总结。本章主要包含三节：第一节，相关概念。具体对收入、代际收入、收入流动性、代际收入流动性等概念进行研究总结。第二节，理论模型。对代际收入流动性和财产性收入代际流动性的相关模型进行研究总结。第三节，相关研究综述。对收入流动性、代际收入流动性现状、代际收入流动性测度等研究进行综述，为进一步研究梳理文献支持。

第一节 代际收入流动性

一、收入及收入流动性

（一）收入

收入是指某一个体或企业在销售商品、提供劳务及转让资产使用权等日常活动中所形成的经济利益的总流入。对居民收入分配根据不同的标准可以有不同的定义，主要包括依据收入来源和形式、与生产要素的关系、时间跨度的大小、不同学科等标准进行不同的定义。

（1）收入来源和形式。通过提供劳动而获得的收入称为劳动收入（工资、津贴和奖金等），除了劳动以外获得的收入即非劳动收入（利息收入、金融投资利润或溢价收入、租金收入等）。

(2) 与生产要素的关系。功能分配是对于国民收入在生产要素间的分配，应该隶属于初次分配。通常来说，基本上可以用劳动和资本收入比重来度量；规模分配则衡量的是不同收入组群中人口与对应的收入的比重关系。帕累托认为，规模收入分配注重收入的数量，相应地忽视了收入的来源和构成。从重视收入数量出发，他认为在某个社会里，将所有的家庭按收入总量进行高低排序，分析不同收入阶段的家庭数占总数量的比重，从而可以研究相应的人口与其收入份额之间的关系，进而研究收入差距的影响因素和家庭收入分配格局的决定因素。

（二）财产性收入及其差距

居民财产性收入逐步增加是经济发展的必然结果。党的十七大报告首次提出"创造条件让更多群众拥有财产性收入"。让更多群众拥有财产性收入是践行科学发展观的内在要求，对于提高资源配置效率、缩小居民收入差距、促进城乡区域经济协调发展、实现社会公平、实现共同富裕具有重要意义。现阶段我国城乡居民财产性收入呈现绝对值增大和增速提高、收入构成趋于多样化、基数小且所占比重低、收入差距拉大、收入来源结构不合理和收入增长能力有限六大特点。

财产性收入是由财产衍生出的收入。根据国家统计局官方的统计指标定义，财产性收入是指"金融资产或有形非生产性资产的所有者向其他机构单位提供资金或将有形非生产性资产供其支配，作为回报而获得的收入"。一般是指家庭从其拥有的动产（如银行存款、有价证券等）、不动产（如房屋、车辆、土地、收藏品等）所获得的收入。它包括出让财产使用权所获得的利息、租金、专利收入等；财产营运所获得的红利收入、股票盈利、财产增值收益、投资收入等。

财产性收入是衡量国民富裕程度的重要指标。党的十八大报告提出"多渠道增加居民财产性收入"，这是继党的十七大报告首次确定"创造条件让更多群众拥有财产性收入"之后的又一政策亮点。财产性收入的增加可以聚集社会资金、刺激消费支出、拉动经济增长，但也可能带来一些负面影响，如形成大量食利者阶层和财富不平等，造成产业空心化、冲击实体经济的发展、加剧经济波动（吴丽容和陈晓枫，2011）。因此在积极扩大财产性收入比重的同时，还要防止财产性收入的非理性增长，这对于保持经济的稳定性至关重要。目前统计中常用的"人均可支配收入"由四部分构成，包括工资性收入（如工资等）、转移性收入（如养老金等）、经营性收入（如商业买卖收入等），以及财产性收入。其中工资性收入占70%左右，财产性收入仅占7%左右。

(三) 收入流动性

"流动性"这一概念，是多数社会学家为观察和度量社会结构变化所使用的重要工具，近年来，经济学家将"流动性"引用过来，用于观察收入分配状况的演变模式。一个人的收入状况在一段时间后是否发生位置的移动，朝哪个方向移动，对于经济学家观察收入分配结构的变化尤为重要，由此引出"收入流动性"这一概念。

收入流动性是指某一特定收入阶层的群体经过一段时间变化后，因其所拥有的收入份额发生变化而导致的收入阶层发生的变化。这一概念与衡量收入公平的指标"基尼系数"密切相关，一个国家的基尼系数较高，表示收入差距悬殊，但如果在经济增长的同时，控制好较强的收入流动性，就不会因为收入分配不均等问题影响到国家的经济增长及社会稳定。

通过一个例子来说明收入流动性的概念，著名经济学家熊彼特（Joseph Schumpeter）为说明收入流动性，提出了"宾馆模型"（The Schumpeter Hotel Model），他假设在一个宾馆里有不同层次不同质量的房间，在给定的时间内每个旅客根据自己的经济条件和收入状况选择不同层次不同质量的房间。经过一段时间后，随着个人收入水平的变化，在房间的"不平等"条件未发生改变的前提下，重新选择房间，由此决定的入住人员在不同房间的位置发生了变化，这种"位置变动"就可以反映出相对收入流动性的大小。

关于收入流动性的方向问题，由于个人的收入状况和经济条件发生改变，会出现以下三种情况：第一种是一些人会流向较高收入阶层（向上流动），一些人会流向较低收入阶层（向下流动），如果在一定时期内向上流动（向较高收入阶层流动）的人群大于同一时期向下流动（向较低收入阶层流动）的人群，则说明整个社会的收入不平等状况在明显改善，社会趋于稳定状态；第二种是如果在一定时期内向上流动（向较高收入阶层流动）的人群小于同一时期向下流动（向较低收入阶层流动）的人群，则说明整个社会的收入不平等状况发生恶化，不利于社会稳定发展；第三种是如果在一定时期内处于较高收入阶层的人不断向上流动（向更高收入阶层流动），处于较低收入阶层的人不断向下流动（向更低收入阶层流动），就会造成"富人愈富、穷人愈穷"的恶性局面，社会贫富差距过大导致社会分配不公。

因此，研究收入流动性具有十分重要的现实意义。较强的收入流动性可以从本质上改善收入不平等的状况，极大地减少不同收入阶层的社会矛盾，让社会各个收入阶层之间保持正常的收入流动渠道畅通,有助于缓和由于收入差距带来的各种压力,提高经济长期稳定增长。

二、代际收入及代际收入流动性

(一)代际收入

代际收入(Intergenerational Income)是指某一个体在受其父辈经济收入的影响下,所获得的在日常活动中所形成的经济利益的总流入。代际收入所形成的代际效应是指子辈受父辈的影响并很难脱离父辈的社会特征。代际收入的差距过大,表示子辈因受父辈高收入阶层的影响,自身处于高收入阶层,子辈因受父辈贫困阶层的影响,自身仍处于贫困水平,也就是我们常说的"富人家的孩子越富,穷人家的孩子越穷"。这种收入差距不仅体现在父辈的社会特征上,也传递到了子辈的特征上。因此,我们不仅要考虑收入流动性,还要考虑代际收入流动性。

(二)代际收入流动性

代际收入流动性(Intergenerational Income Mobility)也被称为收入代际转移(Intergenerational Transmission of Income),它是收入分配中动态的经济指标,与静态的"基尼系数"指标相对应,指的是父代的收入对其下一代收入水平的影响,或者说一个人在总体收入分配中的位置在多大程度上受其父辈收入的影响。换言之,如果代际之间的收入相关性越高,那么说明代际收入流动性越低。从纵向来看,个体的收入不平等越来越严重,纵向的收入不平等就导致了整个社会的横向收入不平等的趋势,因此代际收入流动性越低导致社会的横向收入不平等程度越发严重,也就是静态的"基尼系数"越来越高,社会的收入差距越来越大。

关于代际收入流动性的影响因素,根据以往学者的研究,主要分为以下三个方面:人力资本、社会资本和财富资本。首先,在众多影响代际流动性的因素中,人力资本对代际流动性的影响最为重要。父代的人力资本主要通过两种传递方式影响子代的收入,一种是父代的人力资本水平直接决定其自身收入水平,进而影响其对子女的人力资本投资水平;另一种是父代的人力资本水平与子代的人力资本水平直接相关,教育程度较高的父母直接影响子代的教育水平,子代的教育水平直接影响其收入水平。其次,社会资本对个人的收入水平也有着重要影响,父代的政治面貌、工作单位性质很可能使子代融入具有丰富社会资本的人群,从而为子代建立良好的社会关系网络,帮助子代获得政治身份或进入较高工作性质的单位，进而提高子代的收入。最后，以金融资产、房屋资产、土地资产和经营资产为主的财富资本对代际收入流动性也产生深远影响，父代通过金融投资、房产投资等积累财富的方式直接传递给子代，从而提高子代的收入。

（三）代际收入流动性测度方法

在代际收入流动性的估计方法上，衡量代际收入流动性的重要指标之一是代际收入弹性。代际收入弹性（Intergenerational Income Elasticity）指的是父辈经济收入对子辈经济收入或经济地位的影响程度，反映了一个人在成年后的收入对其父辈收入变化的敏感程度，表示父辈收入每提高1%时，子辈收入提高的百分比，该值越大，代表一个社会的代际收入流动性越低，说明社会存在机会不平等现象，一个流动性较强的社会意味着人们有着更多的机会与公平，因此研究代际收入弹性的大小不仅对社会的机会均等有着较大的影响，还将为政府消除收入不平等的政策产生重要的影响。

此外，一些学者还使用收入转置矩阵这一方法来估计父辈经济地位对子辈经济地位的影响。代际收入转置矩阵的计算方法是，首先将父辈群体和子辈群体样本依据其收入水平分别由低到高划分为 n 个收入阶层，标出每个家庭样本中父辈收入和子辈收入所处的阶层。其次以父辈收入为基准，计算出每一收入阶层的家庭中，子辈处于各收入阶层的家庭所占的比重。最后将每一个收入阶层的计算结果按矩阵形式排列就可以得到代际收入转置矩阵。在计算代际收入转置矩阵之前首先要将样本根据收入高低划分为不同的收入阶层，一般采用最常用的收入五等分法，即按收入由低到高的样本排列，然后将父辈样本和子辈样本分别平均分为五个等分组。

因此，研究代际收入流动性，将对我国经济的发展和社会的稳定产生深远影响。从人力资本方面来看，加强对个体人力资本的投资，会提高整体国民素质，为我国创新发展提供持续动力；从社会资本来看，加强社会关系网络的建立，对社会关系进行投资和经营，很可能造成政治寻租或权力腐败，不利于社会的和谐稳定；从财富资本来看，对金融资产、房屋资产的过度投资，会引起居民储蓄的过度攀升，对我国宏观经济的影响不容乐观。所以我们应以正确、积极的方式对待代际收入的传递，这对我国经济的持续发展、社会的稳定和机会的公平性具有重要意义。

第二节 理论模型

一、Becker 和 Tomes（1979）基本模型

Becker 和 Tomes 两位学者长期致力于研究家庭因素与收入分配之间的关系，Becker 早期的研究表明，个体所具有的禀赋，包括个体特征、社会资源禀赋等都会对自身发展产生影响。Becker 和 Tomes（1979）以家庭经济学和人力资本投资理论为框架，开创性地构建了代际收入流动性的经济学理论模型。模型中假设每个家庭在代际间最大化其效用，其效用依靠父母的消费和孩子的数量及质量，并进一步提出了不平等与代际流动的理论。该理论认为，代际流动度量的是家庭孩子效用的影响。孩子的财富与父代财富联系在一起，这不仅通过投资，也通过子代由父代那里获得的资源禀赋，子代的收入由市场机制、父代收入水平、资源禀赋和子代投资倾向决定。此后各国学者运用不同的数据库对这一模型进行了广泛的实证分析。目前已有的计算代际收入弹性的研究大多始于下述的经典回归模型。

$$Ln(Y_1) = \alpha + \beta ln(Y_0) + \varepsilon \tag{2.1}$$

在式（2.1）中，Y_1 为子代收入，Y_0 为父辈收入，即被解释变量为子代收入的对数，解释变量为父辈收入的对数，α 是常数项，ε 是残差项。β 为代际收入弹性（Intergenerational Income Elasticity，简称 IGE）。代际收入弹性值如果为 0，表示上下两代人收入没有关系，也就是说代际收入流动性非常强。而代际收入弹性值为 1，说明子代由父代收入水平决定，子代与父代相比无流动性。当然代际收入弹性系数可以是正值也可以是负值，正值并且大于 1，表示父代的收入对子代的收入影响较大，收入增加幅度更大，代际间收入不平等程度增加。代际收入弹性系数为负值则表示子辈向父代相反的方向变动。

二、基于年龄调整的修正模型

代际收入弹性系数计算涉及子代与父代，需要使用多年度甚至是持久收入数据来计算，所以利用一年或者几年数据进行测算必然会产生估计误差，因此为了

减少误差出现的可能，Solon（1992）把子代和父代年龄纳入模型，在基本模型的基础上加入了年龄及年龄的平方项。

$$\text{Ln } Y_1 = \alpha + \beta \ln Y_0 + \beta_1 age_0 + \beta_2 age_0^2 + \beta_3 age_1 + \beta_4 age_1^2 + \varepsilon_i \qquad (2.2)$$

在式（2.2）中，加入了父辈和子辈的年龄及年龄平方项的代际收入弹性模型。Y_1 和 Y_0 代表子辈和父辈的收入，age_0 和 age_1 代表父辈和子辈的年龄，age_0^2 和 age_1^2 代表父辈和子辈年龄的平方项，ε_i 是随机扰动项，且服从正态分布，它代表一系列不易观测的影响子代收入的随机因素，β 为代际收入弹性。

三、代际收入相关系数模型

为了进一步降低估计偏误，部分学者使用代际收入相关系数来衡量父辈收入与子代收入之间的代际收入流动性。

代际收入相关系数的估计式为式（2.3）：

$$\rho = (\sigma_0 / \sigma_1) \times \beta \qquad (2.3)$$

在式（2.3）中，ρ 为代际收入相关系数，σ_0 为父辈收入对数的标准差，σ_1 为子辈收入对数的标准差，β 为代际收入弹性。ρ 与 β 的主要区别在于 ρ 的估计考虑了两代人收入分布的离散程度，只有该离散程度相等时，ρ 与 β 才会相等。

理论上，代际收入相关系数能够更精确地反映代际收入的传递程度，而代际收入弹性的精确性则会受到代际收入分布离散程度的影响。但是在实践中，代际收入弹性往往更容易估计，且不会因为子代收入的测量误差而产生估计偏误，因此在文献中被更多地使用。

四、条件对数收入模型

为了考察人力资本在代际传递中的传导作用，在 Solon 的基本线性模型的基础上，分别设定加入和不加入教育因素的回归模型，并估计代际收入弹性系数。

不加入教育因素的模型如式（2.4）所示：

$$\text{Ln}(Y_1) = \alpha + \beta_1 \ln(Y_0) + \partial A + \varepsilon \qquad (2.4)$$

加入教育因素的模型如式（2.5）所示：

$$\text{Ln}(Y_1) = \alpha + \beta_2 \ln(Y_0) + \gamma E + \partial A + \varepsilon \qquad (2.5)$$

式（2.4）和式（2.5）中，A 表示年龄相关因素，也就是式（2.2）中的子代和父代年龄及年龄的平方，即式（2.4）即为基本线性回归模型，而 E 为教育因素，所以式（2.5）为考虑受教育程度的模型，通过对比不包含教育因素的代

际收入弹性系数 β_1 和包含教育因素的代际收入弹性系数 β_2，我们可以看出受教育程度在其中起到的传导作用。

除了教育因素之外，考虑社会资本因素对代际收入弹性的影响，同样利用条件收入弹性法，可以在模型中加入各社会资本因素等进行扩展。例如式（2.6）：

$$Ln(Y_1) = \alpha + \beta_2 ln(Y_0) + \gamma E + \varphi S + \partial + \varepsilon \qquad (2.6)$$

在式（2.6）中，S 表示社会资本，通过条件回归方程不同变量的设置，可用来分析其他众多因素对代际收入传递的影响和作用。

五、中间变量模型

在研究各变量对代际收入弹性的影响中，许多学者采用了中间变量，对代际收入弹性系数进行分解来分析各变量的传递作用。比如 Machin（2004）、Iannelli 和 Paterson（2007）、Bowles 和 Gintis（2002）及 Blanden 等（2007）。中间变量的基本思路是，在代际收入流动性基本模型基础上加入各中间变量，首先以中间变量为被解释变量，父代收入为解释变量进行回归分析；其次以子代收入为被解释变量，以中间变量为解释变量进行回归分析；最后以子代收入为被解释变量，以中间变量和父代收入为解释变量进行回归分析。对比几个回归系数，分析中间变量的传导作用。我们主要介绍建立在 Blanden 等的研究上的分解方法。

这样的方法可以分析不同因素对收入弹性的影响，比如陈杰和苏群（2015）在分析人力资本因素的代际传递作用时，利用受教育程度和职业情况作为中间变量，研究结果表明在代际收入传递过程中，教育因素间接传递作用约为17%，职业的间接传递作用约为19%。而陈琳和袁志刚（2012）在研究人力资本的代际传递影响中发现，人力资本对代际传递的间接投递作用大约为10%。

六、世代交叠的 Bewley 模型

学者们对家庭财产分布不均问题运用 Bewley 模型进行过部分实证研究（Aiyagari，1994；Huggett，1996；等）。

由于市场是不完全的，是存在借贷约束的，所以消费需求不能仅依靠借贷实现，而消费者的收入具有不确定性，那么个体就会具有储蓄动机，借助储蓄家庭财产来防范收入风险，保证消费预期。当然，个体特征存在差异，居民具有不同的收入水平，且风险偏好不同，消费习惯不同，因此居民的借贷约束、储蓄动机和数量也会存在差异，居民家庭财产总量和财产结构必然不同。家庭的财产积累

是有限度的，当一个家庭的财产积累达到防范风险的可能，便不会再继续增加财产储蓄。那么无限期的假设，假设的是个体生命是无限的，在未来的消费风险下，居民会通过借贷来平滑消费，但是市场机制是有约束的，因此在无限期的 Bewley 模型中，家庭要在储蓄资产和消费间进行决策，以实现家庭效用的最大化。但是这种考虑生命周期的模型，虽然对个体劳动生产率和财产积累速度随年龄增加的变化进行了解释，但是对于代际间的差异没办法解释。

DeNardi（2004）在包含生命周期特征的 Bewley 模型中进一步考虑了"遗赠动机"的作用。当存在遗赠动机的时候，个体不仅会为自身的消费平滑与养老保险积累财产，还会为自己的后代积累资产。为了从动态角度检验不同代际传递对家庭财产差距的代际效果，世代交叠的 Bewley 模型进一步考虑生命周期结构。该模型又作了一定的假设：①下一代会出现在任何时间点；②每个个体的生存期间均为 N 年，每个个体下一期的存活概率均为 Pt。那么家庭进行财产储蓄不仅是为了应对不完全市场带来的收入风险，还要应对年龄衰老，丧失劳动能力后无收入的规律风险。所以家庭财产的储蓄有几个基本目的，一是实现基本消费要求，二是应对收入风险，另外，还有一个目的是储蓄财产以为子代人力资本投资和丧失劳动能力的风险做准备。

那么家庭的决策结果即式（2.7）：

$$\max U = \left\{ \sum_{t}^{n} \beta^{t} \left(\prod_{i=1}^{t} P_{t} \right) U(C_{t}) \right\} \tag{2.7}$$

实现最大效用水平的约束条件为式（2.8）：

$$c_t + a_{t+1} = w1_t + (1+r)a_t \quad c_t \geq 0 \quad a_{t+1} \geq -b \text{ and if } t = n \quad a_{t+1} \geq 0 \tag{2.8}$$

其中，c_t 为 t 期该家庭在消费上的分配水平，a_{t+1} 为该家庭 t+1 期在财产储蓄上的分配水平，1_t 为劳动禀赋水平，a_t 为家庭财产水平，b 为借贷约束。

根据无限期 Bewley 模型，家庭财产的需求函数为式（2.9）：

$$\widehat{a_{t+1}} = A(z_t, b, w, r) \tag{2.9}$$

因此家庭在 t 期持有财产的最大值为家庭在 t 期可能持有的财产最大值为 $a_t + \theta$，那么家庭财产的持有总量可以表示为式（2.10）：

$$Sa = EA(z_t, b, w, r) - \theta \tag{2.10}$$

其中，z、b、w、r 分别为财产水平、借贷约束、工资率，以及财产收益率。

在公式（2.8）中，1_t 和 a_t 为家庭的劳动资源禀赋和家庭财产禀赋，在世代交叠模型中，二者是相互关联的，这与基本的 Bewley 模型是不同的。二者的相互关系可以总结为以下几条路径：①父代家庭财产水平影响子代人力资本从而影响子代劳动收入。也就是说当父代家庭财产水平处于较高程度时，父代在对子代的教育等方面的人力资本投入会增加，子代人力资本水平会提高，因此子代的劳动生产率会提高，子代收入水平较高，子代的财产储备倾向会更大。也就是说人力资本在财产的代际中起到了中介作用。②考虑遗赠动机，父代的家庭财产水平会通过遗赠直接影响子代财产水平。父辈的风险偏好、投资意识、储蓄意识等都会在潜移默化中影响子代的家庭财产储蓄动机、理念和储蓄行为，也更容易形成良好结构的家庭财产配比，此时家庭财产的收益率 r 会提高，进一步提高家庭财产水平。

具体说来，父代家庭财产水平较高的家庭，会有更多富余的资金来增加子代人力资本的投资，同时也可为其提供相对更多的实习机会，从而使得子代能够更好地胜任高薪职位。此外，相比较于需借贷才能满足家庭消费、没储蓄的家庭或只有少量储蓄的家庭而言，富裕家庭风险承受能力更高，因而有更多的可能会通过配置风险性家庭财产来获取投资回报，这种配置习惯会直接影响子代家庭风险偏好、家庭财产的积累模式，最终会导致家庭在家庭财产的持有总量和配置结构上产生分化，形成不平等的分布。通过以上分析可以看出，在世代交叠的 Bewley 模型中，子代家庭财产的分布会受到父代家庭财产持有水平的影响，家庭财产不平等是在代际之间传递的，即富裕家庭的子代仍旧富裕，而贫穷家庭的子代通常会受到父代的影响愈发贫穷。而这种不平等在代与代间的延续主要通过两类途径，即父代家庭财产的直接传递以及子代人力资本的间接传递。基于此，本书将在后续实证研究章节中从这两种代际传递的角度出发，实证检验世代交叠的 Bewley 模型是否能够解释我国居民家庭财产不平等分布的形成。

第三节　相关研究综述

一、收入流动性研究综述

国外学者 Fields（2008）在对收入流动性问题的研究上做出很大贡献，从多角度对收入流动性进行完整的定义，他认为下定义前首先要区分是非时间依赖方法还是流动方法,非时间依赖性方法指的是当期的收入在多大程度上依赖于过去的收入,流动方法关注的是相同个体在不同年份的收入比较,主要的定义方式有位置移动、份额变动、非定向收入变动、定向收入流动和长期收入稳定器指数。

针对收入流动性的研究,国内学者从不同的角度对这一问题进行了分析。尹恒等(2006)利用中国社会科学院经济研究所收入分配课题组1995年和2002年两次城镇住户调查数据,对20世纪90年代以来,中国居民收入的流动问题进行经验分析,结果显示,1998~2002年中国城镇个人的收入流动性比1991~1995年显著下降,且不同特征人群的收入流动性都呈现出同步下降的趋势。孙文凯(2007)对目前国内外关于收入流动的测度、影响因素的研究进行了比较详尽的总结,关于收入流动的测度,学术界被提出的方法有:绝对收入流动的公理化测度、福利视角的测度、相对收入流动的测度(两期收入分布的相关关系测度,排序相关系数测度,刚性指数,收入流动指数,等等)。

关于收入流动的影响因素,主要总结为以下几个方面:一是地区差距、行业差距的影响;二是家庭基础状态及其变化(家庭人口、就业状态、受教育水平、资源禀赋);三是国家政策(障碍性法规的设置和消除、税收政策、转移支付政策、金融政策)。王芳和周兴(2010)选取1989年、1991年、1993年、1997年、2000年及2004年六次CHNS数据,运用相对收入流动指标和绝对收入流动指标,分析了1989~2004年各城市与农村家庭的收入流动性,结果显示,各时期内城市与农村家庭的平均收入增长速度从低收入组到高收入组逐层递减;城乡居民收入流动性都处于较高的水平,与城市相比,农村贫穷阶层家庭的收入向上流动性要大于城市的贫穷家庭。龙莹和张世银(2011)总结以往学者对收入流动性的概念界定,从不同角度对收入流动性进行分类,将收入流动性分为相对收入流动和绝对收入流动、代际收入流动和代内收入流动、结构流动和交换流动、宏观收入流动和微观收入流动,将测度收入流动性的方法分为公理方法和福利主义方法。罗锋和黄丽(2013)利用收入转换矩阵和惯性率两种指标维度对我国城乡居民收入流动的动态演化进行分析,研究结果表明在我国经济转轨时期,收入流动性呈现先上升后下降再上升的波浪形趋势,高收入阶层和低收入阶层收入位置流动性较弱,呈现固化趋势,中等收入阶层收入地位较脆弱,农村居民收入流动性高于城市。

二、代际收入流动现状研究综述

最早研究代际收入流动的国外学者是Becker和Tomes(1979),他们提出了代际收入流动基本理论框架，将家庭经济学和人力资本投资理论纳入了该模型中。在该理论模型中，父代和子代的收入均采用持久性收入，但选取父代某一年的收入作为持久收入替代时，可能会产生模型解释变量的测量误差问题，从而低估了代际收入弹性；Behrman 和 Taubman（1985）利用代际收入流动理论计算了美国居民的代际收入弹性，得出测算结果约在 0.2 左右，认为美国有着较高的代际收入流动性；随后，Solon（1992）采用美国 PSID（Panel Study of Income Dynamics）数据，通过在实际收入的分解中引入了年龄的二次函数项，利用了多年的平均收入进行最小二乘法回归，将父子的年龄及年龄的平方项加入回归方程以控制年龄因素，采用两阶段工具变量法，将父代的教育水平视为持久收入的工具变量，得出了美国的代际收入弹性在 0.4 与 0.5 之间，高出了以往研究的结果，此方法改善了之前使用短期持久性收入产生的计量偏误问题，为后续研究者对代际收入弹性的估计提高了准确度；Mazumder（2005）利用 Solon 的方法估计出美国的代际收入弹性在 0.5 与 0.6 之间，这种方法虽然在一定程度上提高估计的准确度，但并不能完全消除估计偏误，尤其在父代收入调查年份比较集中的情况下，估计偏误仍然存在很大偏差；Haider 和 Solon（2006）采用美国 1951～1991 年的 HRS（Health and Retirement Study）数据，对代际收入流动性研究方法进行修正，得出了个人在 30 岁和 40 岁的收入最接近一生收入的平均值，父代在 40 岁左右时最接近于持久收入值，子女最适合取值的年龄在 20 岁和 30 岁之间，表明在该年龄段下的测量对结果的影响更加精确。

　　国内对代际收入弹性的研究最早始于王海港（2005），他利用 1988 年和 1995 年中国社会科学院"城乡居民收入分配课题组"的调查数据，建立加入父子年龄和年龄平方项的代际收入弹性回归方程，得出两年的代际收入弹性分别为 0.384 和 0.424，利用收入转换矩阵得出代际流动减弱的结论，与代际收入弹性的结果一致，这一研究开创了我国代际收入流动问题的先河；随后，方鸣和应瑞瑶（2010）利用双样本两阶段最小二乘法，采用 2005 年的中国综合社会调查（CGSS）数据，进一步考察城乡居民代际收入的传递路径，研究通过比较城镇和农村的样本发现，城镇居民的代际收入弹性为 0.584，高于农村居民的代际收入弹性 0.546，表明城镇居民的子女收入受父辈影响程度更大，流动性较农村弱；还有学者从劳动力市场的角度对代际收入弹性进行研究，汪燕敏和金静（2013）基于中国健康与营养调查（CHNS）数据，采用 OLS 最小二乘法和 IV 工具变量法对结果进行估计比较，发现工具变量法的估计量是不显著的，随后修正了测量误差,得到的代际收入弹性为 0.46,表明我国的代际收入流动性在国际中处于中间水平。对代际收入间流动的研究进行拓展,一些研究对代际间的职业流动进行分析。周兴和张鹏(2015)基于 2006 年的中国综合社会调查(CGSS),计算出我国城乡家庭的代际收入弹性分别为 0.40 和 0.28,对城镇家庭而言,实现代际职业传承的家庭代际收入弹性要比其他家庭高 0.15,代际职业传承对农村家庭代际收入弹性的影响更强,得出了我国城乡各职业阶层都有较强的代际职业传承性的结论;陈琳(2016)运用 1995 年和 2002 年的中国城镇家庭收入调查系列(CHIP)数据,采用调查中的个人回忆性收入,对其中纯粹由收入因素导致的部分进行识别,在纠正偏误后,得出我国代际收入弹性在 1990~1995 年和 1998~2002 年为 0.8 和 0.4 左右,认为我国代际收入弹性较高。通过以上国内外学者的研究结果可以表明,在代际收入弹性高于 0.4 时,认为代际收入流动性较低。

三、代际收入流动测度研究综述

(一)代际收入弹性研究综述

对代际收入弹性的研究,在上述研究代际收入流动性时大部分学者都有分析到。本书主要从以下三个方面对代际收入弹性的研究进行细致分类:一是从时间变动趋势来估计代际收入弹性;二是从空间分布的特征来研究代际收入弹性;三是从不同人群的划分来分析代际收入弹性。

从时间变动趋势上来看,谷敏(2011)使用 OLS 估计的方法对中国社会科学院经济研究所"中国城乡居民收入分配"课题组三年三次抽样调查的数据进行收入弹性的估计,结果发现我国代际收入弹性从 1995 年的 0.319 上升到了 2002 年的 0.373,说明父辈的收入对子辈收入的影响越来越大,代际收入流动性呈下降趋势;陈琳和袁志刚(2012)运用三年的 CHIPS 数据和 2006 年的 CGSS 数据对代际收入流动性的趋势进行分析,结果表明我国代际收入弹性呈现大幅下降到逐步稳定的趋势;何石军和黄桂田(2013)利用了 CHNS 的微观数据,计算了 2000 年、2004 年、2006 年和 2009 年的代际收入弹性分别为 0.66、0.49、0.35 和 0.46,结果发现 2000~2009 年代际收入弹性是先下降后上升的趋势,也就是说代际收入流动性是先增强后减弱的趋势,并且发现 2009 年社会上层往下层的流动性增强了,但底层仍处于底层的概率几乎没有变。

从空间分布的特征入手,方鸣和应瑞瑶(2010)使用 1989 年、1991 年、1993 年、1997 年、2000 年、2004 年以及 2006 年 CHNS 数据,通过收入均值法和百分位转换矩阵法，对中国农村居民的代际收入流动性状况进行了实证分析，结果显示，现阶段中国农村居民的代际收入流动性较差，存在较明显的收入传递现象；东部和中部地区农村居民的代际收入弹性显著高于西部地区；在各地区内部，处于收入分配两端的农村居民的代际收入流动都较为封闭。李小胜（2011）利用 CGSS 的微观调查数据，运用 Atkinson 回归模型和转移矩阵模型对 2005 年城乡居民代际收入流动进行分析，结果表明在城市居住的人们代际收入流动性高于农村，在东部、中部、西部居住的人们代际收入流动性逐渐递减，代际收入从低等级转向高等级的概率较小，不同等级间的流动性较差。严斌剑和王琪瑶（2014）利用 CHIPS（1988 年、1995 年、2002 年以及 2007 年）数据，研究了中国城乡代际收入流动性的变迁，得出结论：城乡整体代际收入弹性呈现"U"型变化趋势，1988~2002 年，代际收入弹性下降，2002~2007 年代际收入弹性上升。而城镇的代际收入弹性呈现倒"U"型趋势，近年来，城镇代际收入弹性虽有下降，但仍然高于农村。龙翠红和王潇（2014）使用 CHNS1989~2009 年的数据，利用对数线性回归模型，估算父亲与长子收入的相关系数，结果显示 2009 年中国代际收入弹性整体结果约为 0.6，城市和农村分别为 0.8 和 0.5。

从不同人群的划分来分析代际收入弹性，王海港（2005）按父母收入高低的居民分组显示，无论哪一年，高收入组的父母对子女收入的影响均高于低收入组。1988 年，高收入组和低收入组差距不大，1995 年，高收入组父母收入对子女的影响力比 1988 年有所上升，低收入组则有所下降，同时，根据不同的配对结果显示，父亲家长与母亲家长相比，父亲家长显示出对子女更大的影响。年度比较结果显示，父亲家长的影响力上升幅度高于母亲家长，尤其是对儿子的影响，对于女儿来说，母亲家长的影响力上升更为显著。韩军辉和龙志和（2011）利用 CHNS 中 7 年的数据，基于暂时性收入偏误、生命周期偏误、同住选择偏误等多重计量偏误的考虑后，运用分位数回归的方法对农村家庭代际收入弹性进行估计，结果表明农村代际收入弹性呈倒"U"型趋势，处在低分位数和高分位数的代际收入弹性较小，处在中分位数的代际弹性较大，表现出较强的代际传递性。邱玉娜（2014）基于 CHARLS 2011~2012 年数据，探讨了中国代际收入流动性，结果显示，当前中国代际收入弹性在各年龄阶段人群中呈现"U"型特点，20 世纪 80 年代和 90 年代出生的居民面临的代际收入弹性较高，即代际流动性较低，说明 20 世纪 80 年代和 90 年代出生的居民其收入受父辈的影响比其他年龄层更大。

(二) 代际收入相关系数研究综述

一些学者考虑到父辈收入与子辈收入的离散分布问题，引入代际收入相关系数来拓展代际收入流动的测度方法。首先，代际收入相关系数是指父代收入对数的标准差与子代收入对数的标准差之比，再乘以代际收入弹性，它与代际收入弹性的不同是考虑到了两代人收入分布的离散程度，当父代收入的离散程度与子代收入的离散程度相等时，代际收入相关系数可以替代代际收入弹性。西方国家学者最早使用代际收入相关系数来衡量代际收入的流动性，早期（20世纪70、80年代）研究估计的代际收入相关系数普遍较小，而后期（20世纪90年代后）估计的系数普遍较大。造成这种差异的原因在于，早期估计一般采用非典型的小样本数据集，利用单个年度的收入数据，或者没有控制住与父母收入无关的外生变量，导致估计结果下偏，得到的代际收入相关系数一般在0.2甚至更小。

如 Atkinson 和 Maynard（1979）利用相关系数来衡量代际收入流动性，由于其研究样本为英格兰约克郡307对父子的收入，这一样本明显是不具代表性的小样本数据集，其计算结果为0.17。而后期研究则大多采用大型代表性数据库，如美国的 NLS（Altonji & Duncan，1991）、PSID（Solon，1992）等，避免了样本的同质性；收入数据一般采用多个年度收入的平均数来代表永久性收入，以消除特定年份的暂时性收入变差和测量误差在回归估计中的扰动；在估计方法上，不仅采用简单的 OLS 估计，也广泛采用了工具变量法和矩估计法（Altonji & Duncan，1991）。总之，后期的估计比前期的估计要更加科学，避免了估计结果的下偏，大致的估计值在0.4左右，相当于前期估计值的2倍（Solon，1999），高的估计值达到0.6（Mazumder，2001）。当采用不同的收入样本时，估计的收入相关系数存在明显差异。测量的收入跨时间长度越长，收入的传递效应越大，甚至达到短期收入传递性的2倍。因为在短期，收入低的父母可以通过借贷来解决孩子的培养问题，而长期则不能（Mayer，2002）。同时，低收入家庭收入的传递效应大于高收入家庭。就不同的国家而言，美国和英国等传统发达国家的代际收入相关系数普遍较高，达到0.4~0.5，而北欧国家如芬兰、丹麦和挪威等，则普遍较低，不到0.2（Corak，2006）。

(三) 代际收入转置矩阵研究综述

一些学者使用代际收入转置矩阵的方法对代际收入流动性进行估计，黄潇（2014）基于CGSS2006年的数据，使用代际收入弹性以及收入转置矩阵，测度了贫困的代际收入流动性，研究发现，贫困的代际收入流动性较低，其代际收入弹性为非贫困群体的1.6倍，父辈贫困导致子辈贫困的概率达60%；秦雪征（2014）基于CGSS2006年的数据，使用代际收入转置矩阵，对我国城乡居民的代际收入流动性进行了比较分析，结果显示，中国城乡家庭的代际收入流动性偏弱，城镇家庭代际收入向上的流动性总体而言要高于农村家庭；刘志国和范亚静（2014）基于CHARLS2008年的数据，使用回归系数法和转换概率矩阵法测度了居民收入代际流动性，并按照父代收入进行分组，进行异质性分析，结果显示，中国居民代际收入弹性为0.476，代际流动性整体偏低，高收入与低收入阶层流动性较低，城镇比农村代际收入流动更为活跃，结合其他学者的估算结果，中国居民代际收入弹性呈现先下降后上升的趋势。

第三章 财产、财产性收入差距的测度及其变动趋势

要分析财产与财产性收入差距的代际传递机制,首先要分析我国居民的财产和财产性收入的分布状况、结构、区域差异、城乡差异及其变动趋势等问题。本章共五节内容:第一节,相关研究综述。主要综述财产差距、财产分布、财产性收入差距等相关研究结果,总结当前研究现状及进展。第二节,财产差距及其变化趋势。基于 CFPS 微观调研数据,从财产总量、结构、整体分布差距及变动趋势、区域差异及变动趋势等角度分析我国财产差距及其变动趋势。第三节,财产性收入差距及变化趋势。对我国居民的财产性收入的具体状况和发展趋势进行分析;并基于 CFPS 微观调研数据,对微观数据进行分组,计算不同收入水平下居民财产性收入分布、差距、结构状况及发展趋势。第四节,财产性收入与城乡收入差距分析。以山东省为例分析了财产性收入与城乡收入差距的关系,计算城乡居民财产性收入差异及各项财产性收入的不平等贡献率,从中发现缩小城乡收入差距的突破点。第五节,本章小结。

第一节 相关研究综述

一、财产差距及财产分布

家庭财产是衡量一个国家经济实力和居民生活水平的重要标准,财富分配是反映社会公平的一项重要内容。在过去 20 年间,全球及主要发达国家的财富分

布不均等处于一种不断强化的趋势（Piketty & Goldhammer，2014），OECD 报告（2015）将财富不平等视为发达国家经济增长的主要障碍，以更大的信心和决心抑制贫富差距扩大成为推进经济繁荣、促进社会公平的应有之义。

分析家庭财产现状是财富问题研究的第一步，近 30 年来学界对财产分配问题的研究从国别视角转向全球比较，数据、方法全面出新，为后续的财产问题研究积累了丰富的经验，也打开了全新的视野。目前关于财产分布的国内外研究主要集中在以下三个方面：

第一，具体国家的财产分布状况。此类分析的主要工作是使用单个或离散年份的财产调查数据对一国整体和不同组群的财产持有水平、增长率、财产集中度和家庭财产结构进行测算和跨期比较。Azpitarte（2010、2011）运用西班牙首轮家庭金融调查，考察了 2002 年西班牙各类财产的分布情况和每一类财产对总体财产不平等的贡献。在西班牙，尽管房产和金融资产的价值随财富水平上升，但是金融资产对不平等的影响更大。Finlay（2012）利用 2010 年澳大利亚家庭、收入、劳动动态调查，研究了澳大利亚家庭资产和负债的分布以及不同组群的财产状况。尽管该国近年来财产增长整体有所放缓，但是由于低财产阶层的财富增长更快，所以该国财产不平等状况有缩小的趋势。Wolff（1998）利用 1983 年、1989 年、1992 年和 1995 年的美国消费者金融调查（SCF）给出了 1983～1995 年美国的财产分布状况。他发现 1995 年美国的财产不平等比 1983 年有显著上升，住房按揭负债大幅增加，养老金账户在总资产中的份额上升幅度明显；Wolff（2010）进一步根据更新的美国消费者金融调查（SCF）数据测度了 2001～2007 年美国家庭的资产负债状况，他发现美国家庭的负债收入比在 2007 年达到 119%，负债资产比升至 18.1%，中产阶层的负债主要用于日常消费；在整个财产结构中，房产在总资产中的占比大幅上升。Takayama（1991）利用日本国民家庭收入和支出调查（NFIE）测算日本家庭的资产持有情况，他发现固定资产占日本家庭净资产的 85%，由于高地价，土地资产占净资产的 56%，家庭财产规模最主要的决定因素是自有房产。

由于较大比例的财产集中在财富分布顶端，所以该群体的财产持有状况对整个财产分布具有重要影响。由于此类研究使用的是家庭财产调查数据，不可避免地会遇到财产分布顶端样本量过小和财产低报问题，仅靠调整样本权重并不能完全弥补上述问题。为了纠正有偏的测度结果，通常需要将调查数据和财富排行榜（包含顶级富豪的净财富和商业背景信息）联合使用，对财产顶端采用帕累托幂律分布进行拟合（Levy & Solomon，1997；Sinha，2006；Klass et al.，2006；Vermeulen，2018）。

第二，财产分布的历史分析。通过对财产分布的时间序列分析，揭示财产差距的长期演进趋势，此类研究主要集中在美国、英国、法国等具有长期财产统计数据的国家。Atkinson 和 Harrison（2009）基于遗产税的时间序列，对 1923～1981 年英国的财产分布进行了估计和预测，给出该国顶层 1% 财富持有者过去 60 年间财富份额的下降趋势。Kopczuk 和 Saez（2004）运用美国 1916～2000 年的遗产税申报数据进行测算发现，美国顶层 1% 人口的财富份额演进趋势近似"U"型。20 世纪初，顶层财富份额很高，在经济大萧条和两次世界大战期间出现下降且一直持续到 20 世纪 70 年代，20 世纪 80 年代初才逐渐恢复。Roine 和 Waldenström（2009）利用遗产税和财产税申报数据估计了瑞典从工业化初期至今的财富分布演进状况，也发现瑞典的财富集中度演进符合"U"型趋势。Alvaredo 和 Saez（2009）利用财产税申报数据测算发现，1982～2005 年西班牙的财富集中度是稳定的，房产价格上升使中产阶层受益，抵消了 20 世纪 90 年代金融资产集中度上升导致的财产差距。Dell 等（2005）使用财产税申报数据估计了自 1913 年以来瑞士财富分布顶层 1%、1%～5%、5%～10% 人口的财富持有状况，与美国、英国和加拿大等国家相比，其顶端的财富份额在 20 世纪始终保持平稳。Saez 和 Zucman（2014）运用资本化收入的方法，测算了自 1913 年以来美国的财产分布状况。其结论发现过去 100 年，美国的财富集中度遵循"U"型演进路径；财富集中度的增加是由于顶层收入的上升、收入不平等和储蓄率不平等增加造成的；在财产结构中，房产和养老金在财富分布底层占比最高，金融资产在财富分布顶层占比最高。Piketty 和 Zucman（2014）综合运用英国、法国、美国等国的遗产税申报数据，给出自 18 世纪到 21 世纪初发达国家的财产差距"U"型演进趋势。由于财富集中度等于净资产回报率与经济增长率之差，所以近年来人口和生产率增长的下滑，以及各国对资本的竞争，预示着财产差距扩大的增长趋势将在 21 世纪持续。

财产分布的历史分析主要利用税务部门提供的收入税和遗产税申报数据，通过资本化财产性收入和以不同性别、年龄、阶层的死亡率对遗产数据进行加成，可以推算出各期人口的财产分布状况。尽管此类分析方法较为成熟，但是由于数据不完美也带来了一定的测量误差：一方面税收数据中始终存在着偷税、漏税、避税的问题，另一方面历史上大多数国家，由于大规模的税收豁免，导致税收统计只包括了部分人口提交的报税表。因此在利用不完全的税务数据反映财产分布的演进趋势时，需要考察一国的税制，并对结果做出相应的调整。

第三，财产分布的跨国比较。该项研究将财产水平、结构和分布的比较拓展到国际层面。Davies 和 Shorrocks（2000）给出了 20 世纪 80 年代 11 个国家的财产差距状况，其中差距最低的是日本，净财富的基尼系数只有 0.52，最高的是美国，基尼系数达到 0.78；Jantti 等（2008）利用卢森堡财富调查（LWS），比较了加拿大、德国、意大利和美国的财产分布状况，其中美国的财产差距程度最高，意大利的财产差距程度较低，各国财产分布与收入分布之间的关系并不统一；Davies 等（2009）给出 2000 年全球财产差距的基尼系数为 0.80，顶层 10% 的人口拥有世界家庭财产的 71%，美国的财产差距程度最高，净财产的基尼系数达到 0.801，最低的是日本只有 0.547，中国、印度、巴西和俄罗斯的财产差距基尼系数分别为 0.550、0.669、0.784 和 0.699。Cowell（2011）利用卢森堡财富调查（LWS），将英国的财产分布状况与瑞典、加拿大和美国进行比较，分别计算了四国总财产、房产、投资性固定资产和金融资产的基尼系数，其中英国的财产差距程度最低，净财产的基尼系数为 0.665，尤其是房产的基尼系数只有 0.559。Hills J 等（2013）同样利用卢森堡财富调查，比较了英国、美国、意大利、芬兰、瑞典五个工业化国家，家庭财产水平、结构和分布情况，其中美国和瑞典的财产差距程度最高，基尼系数达到 0.8 以上，英国和意大利的财产差距程度最低，基尼系数不超过 0.6；他们发现北欧国家居民平均财产持有量较少，财产的绝对差距较小，相对差距较大；意大利居民负债少，房产自有率高，财富平均水平较高；美国家庭背负较高的房产债务，而英国住房自有率的提高和房价的上涨，使中产阶层财富持有量大幅增加，这也导致了财产差距的下降。Carroll 等（2014）利用欧元区 15 国家庭金融和消费调查（HFCS），测算发现德国和澳大利亚的财产差距程度最高，基尼系数达到 0.7 以上，斯洛文尼亚的财产差距程度最低，基尼系数不足 0.5。由于各国的家庭财产调查是非同质样本，在财产、家庭定义、财产构成统计和分析方法上均存在差异，所以进行财产分布跨国比较的关键在于获取具有可比性的跨国财产数据。

与发达国家相比，中国的财产研究比较滞后，除了数据资料不足以外，主要的原因还是与我国的制度转型背景有关。改革开放以前，中国的制度和意识形态均强调国家或集体对财产占有的合理性，否定个人的财产所有权，居民几乎没有个人财产和财产性收入。改革开放以后，中国的私有财产权得以恢复，私有企业的发展、住房私有化的改革,资本市场和房地产市场的发展壮大,在推动经济高速增长的同时,也带动了居民收入的快速增长。在居民家庭财产积累快速扩张的同时,财富的均分状态被打破,出现了居民财产差距显著扩大等一系列现象。为此,国内外学界开始关注和跟踪中国居民财富的动态变化,对中国居民的财产差距和分布格局展开研究。

Mckinley(1992)利用1988年中国住户调查数据(CHIP)对农村居民的财产分布特点和不平等状况予以刻画,测得中国农村居民净财产基尼系数为0.31,农村居民净财产的30%来自私有房产。Brenner(2001)利用1995年中国住户调查数据(CHIP)对该年农村居民的财产分布进行分析发现,1988~1995年农村家庭总财产的年实际增长率达到4.4%,其中金融资产的年实际增长率达到27%,财富不平等的基尼系数升至0.35,农村居民的财产差距有扩大的趋势。统计表明,中国居民净财产的基尼系数从1995年的0.40上升到2002年的0.55,城镇居民的净财产基尼系数从0.52下降到0.48,农村居民的净财产基尼系数从0.33上升到0.40;1995年,城乡之间的财产分布不平等是微乎其微的,2002年城乡之间财产分布不平等急剧扩大,解释了全国财产分布不平等的37%,成为总财产差距扩大的主导因素;在整个财产结构中,房产和金融财产不均等对总财产不平等的贡献最大。与上述分析形成对照的是,国家统计局城市调查总队于2002年在天津、山东、江苏等8个省抽取了3997户居民家庭作为有效样本,估计得到的城市居民财产差距的基尼系数为0.51;梁运文等(2010)利用2005和2007年奥尔多投资者行为调查数据(Aordo),测得2005年和2007年城镇居民财产不平等的基尼系数分别为0.56和0.58,2007年农村居民财产差距基尼系数为0.62,该文也同时指出金融资产和房产是居民财产分布不平等的主要来源。甘犁等(2012)在《中国家庭金融调查报告》中指出中国家庭储蓄主要集中在高收入家庭,收入最高10%的家庭,储蓄率为60.6%,其储蓄占当年总储蓄的74.9%,大量低收入家庭几乎没有储蓄;中国家庭的平均资产为121.69万元,城市家庭平均资产为247.60万元,农村家庭平均资产为37.70万元,前者是后者的6.57倍。Credit Suise(2013)在全球财富报告中估计了中国居民的财产分布情况。2012年,中国每个成年人拥有的平均财富和中位数财富分别为20452美元和7536美元;由于居民高储蓄率和相对发展较好的金融制度,中国家庭资产的47%是金融资产,高于主要的发展经济体和转型国家,私有房产和农村土地是家庭财产的重要形式。

李实等（2014）利用 2010 年中国住户调查数据（CHIP）分析了居民财产存量和分布差距的变化，得出的结论是 2010 年家庭人均净财产比 2002 年增加了 4.1 倍；财产基尼系数由 2002 年的 0.538 扩大至 2010 年的 0.739；居民拥有的财产更多为房产，房产价格的快速上升是拉大财产分配差距的一个重要因素。谢宇等（2014）利用中国家庭追踪调查（CFPS）2010 年和 2012 年的数据分析了中国家庭的财产水平、结构、分布以及主要的决定因素，并结合前一轮数据分析了中国家庭财产的流动情况。其测算发现，2012 年全国家庭净财产的均值为 43.9 万元，净财产的基尼系数为 0.73；在财产结构中，房产是我国家庭财产的主要组成部分，在城镇居民总财产中所占的比例约为 80%。

关于我国居民家庭财产分布状况的发展是否位于合理区间，是否符合发达国家财富不平等的演进规律，李实等（2005）、罗楚亮等（2010）、梁运文等（2010）给出的回答是目前中国居民财产差距程度不及一些发达国家，但是其扩大速度之快是其他国家无法比拟的。不可否认的是，国内对家庭财产分布的研究仍处于起步阶段，数据较散且期限较短；在数据处理上，尚未针对调查数据进行样本误差修正，由此得出的结论较为粗糙，也无法从中发现家庭财产分布的真实规律，因此对于我国居民家庭财产分布问题还需要在数据搜集、样本处理和国际比较方面做进一步的研究。

二、财产性收入差距

收入的不断累积使得家庭积累了大量的房产财富和金融资产财富。随着房地产市场和金融市场的逐渐繁荣健全，依托于财产累积形成了新的财产性收入。但是现实情况是，房地产市场过热，部分家庭在原有房产的基础上进行投资，而部分家庭举家负债以实现基本生活需求，使得贫富差距更加拉大。

2011 年，时任总理温家宝的政府工作报告中提出了我国"十二五"时期的主要目标和任务，强调了要逐步扭转收入差距扩大的趋势。党的十八大报告对收入分配的公平做出安排，提出增加财产性收入的引导原则。2012 年党的十八大报告也重新重点强调了增加居民财产性收入的问题。这引发了国内理论界对于财产问题和财产性收入问题的广泛关注和讨论。这也证明不仅生产要素的所有者是收益分配的主体，财产所有者也应当参与其中。

世界上一些发达国家的财产性收入占总收入比例与中国当前状况存在差异。例如，美国财产性收入占居民总收入约 17.5%（2007 年），这些财产性收入覆盖到了全部居民的90%。这一比例在德国大约为11.7%，加拿大为11.5%。相较之下中国财产性收入这一比例不足2.3%，说明我国的居民收入结构合理程度还需要进一步完善（刘扬、王绍辉，2009）。财产性收入问题需要进一步重视。

1. 国外研究现状

国外对于财产性收入研究较为成熟，众多学者先后形成了各方面的研究结论。较早期的是 Leven（1925）、Creamer（1956）分别对财产性收入的来源问题、发展周期问题进行了分析。Galbraith（1958）认为包括财产性收入在内的收入分配决定了个人福利水平。Lampman（1962）进一步地研究了财产性收入的社会影响问题，得到结论：它是造成社会不公平的根本性因素。财产分配问题被广泛地关注，学者们通过分析消费情况发现，80%的家庭财产会对代际收入产生影响（Kotlikoff & Summers，1980）。财产性收入作为居民收入的一项重要来源，增加其获取渠道，提高其收入水平能够改善贫困者的贫困状况（迈克尔，1991）。另外，托达罗（1992）通过研究对不发达国家数据的验证，得出结论：资产与家庭收入差距呈现正相关的关系，资产的产权不均衡能够带来收入的不均衡加剧。

国外的一系列研究结果表明，工资等个人初始收入的差异使得收入分配格局不同，资本的初始差异也同样带来财产分配格局的差异，初始资产差异使得个体进行职业选择的机会产生差异，最终形成了收入的差异（Banerjee & Newman，1993）；初始财产的差异也会带来个人人力资本投资的差异，人力资本的差异进一步带来收入的差异，那么可以说财产分布差异不仅能够体现个人禀赋差异（Galor & Zeira，1993），也体现了个人的风险偏好。

另外，Bruun（2000）通过实际检验发现财产税的增收能够促进经济发展，缩小收入差距。学者进一步研究了更多的相关政策，认为税收政策、社保政策、土地政策、财政政策、货币政策等能够直接影响到居民的财产性收入（Bourguignon，2003）。

从财产性收入的分布情况来看，国际上一些发达国家很早就对财产分布问题进行关注，形成了较有代表性的微观调查数据：美国的 SCF 数据和 PSID 数据（收支动态长期追踪调查数据），加拿大的 ADS 数据和 SFS 数据，瑞典的 HUS 数据和 SS 数据，德国的 ICS 数据以及澳大利亚的 HILDA 数据等。国际经验显示财产性收入是四类收入来源中差距最大的。发达国家的收入基尼系数基本在 0.3 ~ 0.4，而财产基尼系数则远高于收入基尼系数，约在 0.5 ~ 0.9 的水平（Davies & Shorrocks，2000），Tormalehto（2007）通过对欧盟数据的验证也得到了同样的结论。

2. 国内研究现状

我国的学者也逐渐地认识到了财产性收入的重要性,他们进行了关于财产性收入产生的影响、财产性收入的现状、其制约因素等各方面的研究。

(1) 财产性收入产生的影响。财产性收入是财产的衍生品,它不像工资性收入需要劳动者投入实际的劳动,但是它能够带来的满足效应往往非常重要。李爱梅(2005)认为劳动收入需要劳动者提供劳动换取,满足的是劳动者的基本生活需要,而财产性收入带来的效应往往更直接,具有较为明显的激励效果。所以我们可以说财产性收入与劳动收入带来的收入消费效应、心理效应都存在差异,但是这种效应存在正向和反向的区别。许多学者对于财产性收入带来的影响效应抱有积极的态度(舒建玲和卢海洋,2008),认为财产性收入能够增加中低收入阶层的收入水平,中低收入阶层由于其高消费效应,会进一步实现拉动内需的影响作用,并且为了获得更多的收入,进一步的投资也会形成,所以消费、投资都实现了增加(袁文平,2007);中低收入阶层收入的增加,有利于进一步完善收入分配机制(姜晶和姚荣东,2009);财产性收入能够增加居民对经济发展、国家政策的信任感(姜婕,2008)。不断增加居民的财产性收入,能够在改变需求状况、投资状况的效果上最终实现贫富差距的缩小(张玉丽和杨国玉,2008;李时华等,2008)。贾康、孟艳(2011)的研究也得到了类似的结论。

当然,也有一部分研究结果表明,财产性收入的增加可能进一步拉大贫富差距(秦交锋和杨小燕,2007)。李实(2007)认为财产性收入的分配是否平衡将对社会的收入差距产生重要的影响。张俊伟(2010)通过研究城镇居民的消费情况,分析得出,城镇居民的财产性收入增加并不能够使得居民消费水平实现提高,反而减少了居民的当期消费额度。但是对于滞后期的消费产生了一定的影响,财产性收入每变化1%,滞后两期的消费分别实现了0.15%和0.36%的增加。学者们通过对国家统计局城镇住户调查数据进行整理分析发现,财产性收入对居民收入不平等的贡献率日益上升,一定程度上扩大了贫富差距的程度(瞿晶和姚先国,2011)。陈晓枫(2010)的研究表明我国当前财税制度不健全使得中低收入群体并没有成为财产性收入增加过程中的收益群体,进一步扩大了贫富差距。

(2) 目前我国居民财产性收入的基本状况。当前我国居民的财产性收入处于什么样的水平,其绝对值、增长率、区域差异、群体差异如何,学者们都进行了一定程度的研究，形成了一些研究结论。总结来说，主要形成了两个变化点：财产性收入增长速度加快，收入的来源形式不断扩展（唐泽富，2008）。另外，还有一些其他特点，周荔和曾为群（2008）的研究证明我国居民财产性收入的城乡差距明显；结构较为不合理（秦交锋，2007）；收入群体差距显著、地区差异明显（刘凤根，2008）。对于当前我国居民财产性收入差距，曾为群（2008）的研究表明财产性收入增长的速度有目共睹，但是基数较小，没有形成实质性的状况改善。对于来源的研究，财产性收入基本包括金融财产、实物财产和知识产权财产等（程学斌和陈铭津，2009）。经过十几年的发展，随着房地产市场、股票市场的活跃，房屋出租收入、金融财产是居民财产性收入中最重要的收入来源（国家统计局城市司课题组，2009）；另外工资性收入也能直接影响到财产性收入，学者利用部分省市数据进行了具体研究，主要有福建省（陈光政和林革，2008）、连云港市（薛艳丽，2008）、山西省（刘兆征，2009）、上海市（包劼和侯建明，2008）、舟山市（贺金昌等，2009）。

学者们通过计算我国居民的财产性收入相关指标来分析其现状，例如泰尔指数、基尼系数等。通过计算我国各地泰尔指数，表明我国居民财产性收入差距区域差异明显，中部地区差异最为明显，而东部差异最不明显（刘江会和唐东坡，2010）。根据对 2010 年我国整体家庭收入基尼系数的测算，得到基尼系数约为 0.61，而这一数值在城市为 0.58，农村为 0.61[①]。学者进一步对财产性收入的衡量指标进行深入分解，马明德（2011）通过分解基尼系数发现，2000~2009 年财产性收入对于贫富差距的扩大作用一直在持续增强，10 年间使贫富差距达到了 3 倍的增长。同样对 1998~2009 年的相关城市居民数据进行分析，结果发现，财产性收入内部不平衡程度远大于其他几项收入，其基尼系数最大（迟巍，2012）。

（3）居民财产性收入增长的影响因素。对于财产性收入的影响因素，学者们进行了不同的研究，总结来说主要有以下四类：

1）财产累积和收入累积水平。夏锋（2008）和宋玉军（2008）等的研究结果表明，不同的经济发展水平，地区差异等都可能带来居民财产数量的差异、收入水平的不同，因此带来的财产性收入也会不同。工资性收入和经营性收入会对居民的财产性收入水平带来一定的影响（宋辉，2008）；财产的基数、财产增加

---

① 数据来源：《中国家庭收入不平等报告》（2011）。

速度都带来财产性收入的差异（夏荣静，2010）；杨新铭（2010）通过实证研究发现，人力资本积累和居民收入是决定财产性收入的重要指标。

2）制度的影响。居民各项财产制度，例如房屋制度，使得财产性收入产生不同（项松林，2008）；财产的传递性也能够造成财产差距、财产性收入差距、贫富差距的扩大，因此借鉴国际经验，设立遗产税、赠与税等税收制度具有一定的必要性（禹奎，2010）。

3）证券市场和房地产市场的影响。房价因素是影响居民财产性收入差距的一个重要指标，房价快速上涨使得2007年居民拥有的住房价值比2005年更加不平等（梁运文等，2010）；股票市场结构不合理也严重制约了我国居民财产性收入的增加（刘凤根，2008）；我国农村居民对储蓄投资较多，其财产性收入多来自储蓄利息、股票等，当然，土地流转制度的限制也在一定程度上限制了农村居民的财产性收入的提高（刘巧绒和肖红华，2008）；由于农村与城市房地产市场和证券市场活跃程度存在较大的差异，房地产市场和金融市场带来的财产差距及财产性收入差距较大（刘飞和谢建文，2008；任净和赵亚静，2009）造成了农村居民家庭财产性收入明显低于城市居民；刘小辉和陈小霞（2009）通过对武汉城镇居民的财产性收入与证券市场的关系进行检验，证明二者存在长期相互依存关系，农村这种关系则不明确；个体家庭承受风险的能力、风险偏好也会在一定程度上影响到居民的财产性收入水平（肖争艳和刘凯，2012）。

4）人力资本等个人特征的影响。季建林（2006）提出"劳动穷人"的说法，他认为农民工等低收入群体单纯靠劳动赚取收入，很少能够享受到财产性收入带来的效应。杨新铭（2010）则分析了人力资本的积累情况对财产性收入的影响，认为人力资本的积累对财产性收入起到至关重要的作用。巫锡炜（2011）也通过实证研究发现我国城镇居民家庭收入中，家庭受教育水平、身份、所处地区等都对家庭的财产、财产性收入产生影响。罗富政（2011）实证检验得到结论：城镇居民个人年龄结构、受教育程度等因素对财产性收入产生一定程度的影响。

（4）提高我国居民财产性收入的途径。鉴于财产性收入具有众多的正面效应，政府也致力于多渠道增加我国居民的财产性收入。众多研究帮助开发多渠道增加我国居民的财产性收入，主要从产权、金融市场的发展、收入增长、财产积累、社会保障等角度拓展各种增加收入途径（薛玉琴，2007；吴彦艳和丁志卿，2007）。廖添土（2007）认为财产性收入的较快增长是经济发展规律所在，是国民经济发展到一定阶段的必然现象。如果国民经济达到一定发展水平，居民的投资渠道必然实现多元化发展，财产性收入也必然会实现快速的增加。"创造条件让更多群众拥有财产性收入"想法的提出，有利于引导居民收入实现多渠道、多样化发展，将会使低收入群体更有可能转换为中等收入群体。赵人伟（2007）的研究也证实了以上观点。易宪容（2007）认为应该从产权、金融市场、分配格局三个角度进行改善，以实现居民财产性收入的提高。陆磊（2007）认为通过对低收入群体的信贷优惠和资产管理能够带动其财产性收入的增加。夏锋（2008）则从税收角度进行分析，认为取消利息税，能够提高居民的储蓄收入。厉以宁（2007）和陈家泽（2008）从土地流转权角度进行分析，认为应该放宽农民宅基地或房屋使用权的管制，使得这些财产可以实现"变现"。高志仁（2008）进一步扩大流转权研究，认为土地流转、人民币升值、税收改革等都能够实现农村居民财产性收入的增加。宋玉军（2008）认为提高农村居民的投资意识也是十分必要的工作，可支配收入与财产性收入存在正相关的关系（李金凤和李晶龙，2008；赵尔奎，2008）；通过金融制度改革，提高国民整体的经济效率（曾为群，2008）。高敏雪和王丹丹（2008）认为资产使用权转让而形成的回报，能够带来财产性收入的三个来源是：金融资产、专利和自然资源。马广奇和张海燕（2011）及王娇和满海红（2011）等学者认为，需要从提高居民的投资意识教育、完善资本市场、健全社保制度、税收制度等角度逐步实现我国居民的财产性收入的增加。李兰和张荣（2011）的研究发现税收制度是实现财产性收入增加最直接、最有效的手段。对于社会保障制度，例如财产权保障体系、资本市场的健全、金融市场风险识别、个人理财意识和能力的提高等都能够有效地增加财产性收入。另外，加大对居民的教育投资也有利于进一步增加财产性收入（杨娅婕，2011）。

通过以上文献总结，我们发现对于中国居民财产问题的研究系统性的、较为近期的研究不多。另外，对于近期财产差距的动态分析也不多见，对于中国当前特殊的家庭财产结构并没有详细的分析，对于形成当前财产差距的原因分析也不够深入和全面。本章在已有文献的基础上，利用2010年、2018年中国家庭追踪调查数据，从而对中国城镇居民财产分布的不均等状况进行描述，对中国城镇居民的财产水平及其不均等状况进行研究，并对财产差距变化的主要原因进行分析。

第二节 财产差距及其变化趋势

一、数据来源及研究方法

（一）数据来源

本节研究主要是基于北京大学中国社会科学调查中心进行的中国家庭追踪调查（Chinese Family Panel Studies，CFPS）。对于家庭财产或者说财富的研究都要面对一个问题，就是财富往往由极少数人群所占有，是少数人的权利。在研究过程中很难做到真实的调研，除非过度的微观抽样调查难以掌握真实的财产数据。但是这种细致的、完整的微观调研需要耗费大量的人力、物力、财力，如果不是国家机器，很难由微观个体实现。该调研主要从个人、家庭和社区三个层面，从中国经济、家庭、人口、教育和健康等几个角度的微观数据调研，该数据库涉及范围广泛，全部样本涉及25个省/市/自治区（不包含中国香港、中国澳门、中国台湾、新疆、西藏、青海、内蒙古、宁夏以及海南），16000家/户（2010年）、19986家/户（2012年）的家庭整体状况及全部家庭成员，社区、家庭、成人、少儿四套问卷，长问卷、短问卷、代答问卷、电访问卷等多种问卷类型。该调研在2008年、2009年在北京、上海、广东三个地区首先进行了初访与追访的预调研。2010年进行了全国范围的正式调研，经2010年全国调查的家庭成员及其今后的血缘/领养子女将作为CFPS的基因成员，2012年对2010年的基因成员进行了追访。2010年应答率为81.3%，拒访率为3.6%，2012年追踪率达到85.1%，高于美国收入追踪调查（PSID）的应答率76%。后续进行了2014年、2016年、2018年几次追访调研，2018年调研数据截至本课题研究之前仅公布部分数据。该调研家庭问卷主要涉及地理交通、生活条件、社会交往、住房条件、经营状况、家庭收入、家庭资产、家庭支出、耐用品、农业生产等各个方面。对城镇居民财产问题我们以家庭为单位，使用家庭净财产进行衡量。

本部分研究使用CFPS数据，因为本节是对居民财产整体状况的测度，因此本节使用2010～2018年五次调研数据父代与子代未配对的样本，依据国家统计局城乡分类标准对数据进行了相关筛选，最终获得使用样本（见表3.1）。

表3.1 样本数量　　　　　　　　　　　　　　单位：户

年份	全国	城镇	乡村
2010	14226	6808	7418
2012	12798	4078	8720
2014	13831	6789	7042
2016	13247	6640	6607
2018	12923	6755	6168

（二）研究方法

洛伦兹曲线是描述社会收入分配的一种曲线，如图3.1所示。洛伦兹曲线，即实际收入分配线，处于45度线OL和折线OHL之间，在研究收入分配时，其弯曲程度反映了收入分配的不平等程度，离直线OL越远、折线OHL越近，表示收入分配越不平等；反之亦然。

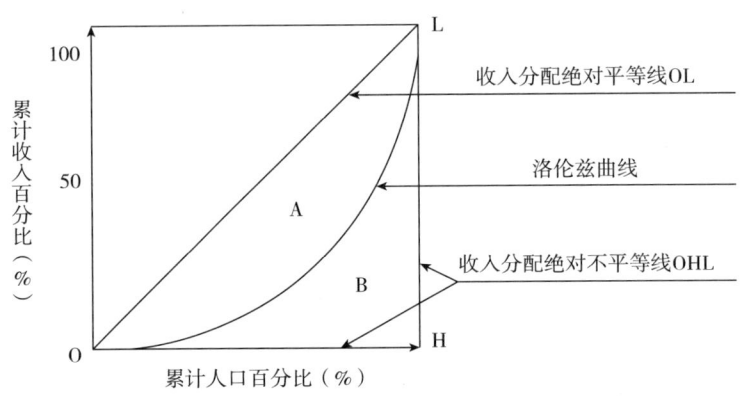

图3.1 洛伦兹曲线

尽管洛伦兹曲线可以很直观地显示一个国家或地区在某一时期的收入分配情况，但它仅仅是一条几何曲线，无法对数据进行量化处理，因此并没有被广泛采用。基于洛伦兹系数，意大利经济学家C. Gini（1912）进行了量化处理，提出了基尼系数，用以计算收入分配的差异程度，在国际上被广泛使用。由洛伦兹曲线推导出的基尼系数的定义公式为式（3.1）：

$$G = \frac{S_A}{S_A + S_B} \tag{3.1}$$

式中，S_A 为洛伦兹曲线与直线 OL 围成的面积；S_B 为洛伦兹曲线与折线 OXL 围成的面积。

显然，基尼系数介于 0 和 1 之间，越接近于 0，收入分配越不平等，越接近于 1，收入分配越平等。朱博（2015）提出，各国的基尼系数警戒线标准应视国情而定，并实证研究了我国的基尼系数警戒线标准为 0.494。

基尼系数粗略的公式如式（3.2）所示，进一步我们将其细分为 N 个人口等分群组，每个等分群组的具体收入平均水平用 y_i 来表示，则具体公式演变为式（3.2）：

$$G = \frac{1}{2\mu N^2} \sum_{i=1}^{N} \sum_{j=1}^{N} |y_i - y_j| \tag{3.2}$$

式中，μ 为各等分组总体收入的平均数，N 为人口等分群组数量，y_i 为个体 i 的收入。也就是可以进一步表达为式（3.3）：

$$G = \frac{1}{\mu N(N-1)} \sum_{i>j} \sum_{j} |y_i - y_j| \tag{3.3}$$

对于人口的等分并不一定能够在实际操作中完全实现，往往现实状况是非等分的，为此，Thomas 等（2001）进一步发展了以上公式，将其演化为式（3.4）：

$$G = \mu^{-1} \sum_{i=2}^{N} \sum_{j=1}^{i-1} P_i |y_i - y_j| P_j \tag{3.4}$$

其中，P_i 表示组 i 的人口占总人口的比重。

根据基尼系数是洛伦兹曲线图中不平等面积与完全不平等面积的比值，可以推导出计算基尼系数的公式，如式（3.5）所示：

$$G = 1 - \frac{1}{PW} \sum_{i=1}^{n} (W_{i-1} + W_i) \times P_i \tag{3.5}$$

式中，P 为总人口，W 为总收入，W_i 为累计到第 i 组的收入。公式避开了等份和非等份分组这一难题，只按居民收入进行分组，若已知每组的人数和收入，就可以计算基尼系数。

二、财产总量及财产结构发展趋势

进入 21 世纪之后，中国经济经历了十几年高速发展，之后进入稳健发展阶段,2010年实现了10.64%的增长速度,绝对值达到410354.1亿元,直到2018年依然维持了6.75%的增长速度,绝对值达到914327.1亿元。2010~2018年人均国内生产总值也从30808元增加到66006元。在这样的经济发展大环境下,中国居民家庭财产的发展情况如何?中国居民家庭财产结构、财产分布、城乡分布差异如何?财产差距和财产结构的变化中哪项财产起到了决定性作用?这些问题亟待解释。

表3.2 我国居民家庭财产与财产结构　　　　　　　　单位:元;%

类别	2010年	2012年	2014年	2016年	2018年	年均增长率
全国						
家庭总财产净值	295981	347645	421965	542778	638833	10
土地价值	18355	26409	23750	23664	—	-3
金融资产	25839	35968	43646	62858	64854	12
净房产	236521	256570	330725	406269	513995	10
非住房负债	5736	11980	10796	12866	13070	11
生产性固定资产价值	—	22817	14929	27656	—	2
耐用消费品价值	—	17860	23837	35196	45009	5
其他资产现值	21001	—	—	—	—	
城镇						
家庭总财产净值	456358	622017	618187	814186	952866	10
金融资产	43831	67512	67306	96995	98147	11
净房产	380635	500755	506728	634465	775279	9
非住房负债	5705	12682	11205	13794	17806	15
生产性固定资产价值	—	32280	19033	37242	—	4
耐用消费品价值	—	29840	33196	48347	60814	13
其他资产现值	30219	—	—	—	—	
农村						
家庭总财产净值	148791	219332	234194	270014	294915	9
土地价值	28429	36743	37617	36461	—	-0.2

续表

类别	2010年	2012年	2014年	2016年	2018年	年均增长率
金融资产	9326	21216	20912	28552	28393	15
净房产	104258	142375	162009	176934	227845	10
非住房负债	5763	11651	10403	11934	7883	4
生产性固定资产价值	—	18392	10978	18022	—	−1
耐用消费品价值	—	12257	14815	21979	27700	16
其他资产现值	12542					

数据来源：CFPS2010年、2012年、2014年、2016年、2018年调研数据，年均增长率通过对2010～2018年数据计算所得，其中生产性固定资产价值、耐用消费品价值、土地价值缺失相关数据采用2012～2016年计算所得。

本章对2010～2018年CFPS的五次微观调研数据进行统计梳理，根据计算结果（见表3.2）来看可以得到：

（1）中国居民家庭净财产快速增长，全国居民、城镇居民、农村居民家庭净财产都实现了快速增长。2010～2018年，全国居民家庭净财产总值由295980.82元增加到638833.32元，2018年家庭净财产是2010年家庭净财产的2.16倍，实现了年均10%的增长速度；城镇居民家庭净财产总值由456358.40元增加到952865.72元，2018年城镇居民家庭净财产是2010年城镇家庭净财产绝对值的2.09倍，实现了年均10%的增长速度；农村居民家庭净财产总值由148791.48元增加到294914.89元，2018年农村居民家庭净财产是2010年农村家庭净财产绝对值的1.98倍，实现了年均9%的增长速度。

（2）城镇居民家庭净财产绝对值明显超过农村居民家庭净财产，且差距在缓慢扩大。根据对微观调研数据的分析可知，我国城镇居民家庭净财产2018年达到952865.72元，2018年农村居民家庭净财产值为294914.89元，城镇居民家庭净财产是农村居民家庭净财产的3.23倍，而这个比值在2010年为3.07，即城乡比在2010～2018年增长了0.16。

（3）居民家庭净财产各分项财产基本实现了增长，但是增长水平存在差异。据微观统计数据结果来看，2010～2018年全国居民净财产及各分项财产年均增长率基本为正值，但是各分项财产的年均增长率存在差异。其中净房产、金融资产、耐用消费品增长较快，而生产性固定资产相比之下增长较慢，即快速增长的房地产价值与低迷不振的生产性固定资产价值形成了鲜明的对比。从城乡分样本来看，城市和农村居民各分项财产年均增长速度差异不大。农村土地价值年均增长率为负值，说明农村经济发展过程中土地作用有限。

根据对各分项财产占比进行分析（见表3.3和图3.2），我们得到如下结论：

表3.3 各分项财产占比

年份	2010	2012	2014	2016	2018
全国分项财产占比					
土地价值	0.062	0.076	0.056	0.044	—
金融资产	0.087	0.103	0.103	0.116	0.102
净房产	0.799	0.738	0.784	0.749	0.805
非住房负债	0.019	0.034	0.026	0.024	0.020
生产性固定资产价值	—	0.066	0.035	0.051	
耐用消费品价值	—	0.051	0.056	0.065	0.070
其他资产现值	0.071	—	—	—	—
城镇分项财产占比					
金融资产	0.096	0.109	0.109	0.119	0.103
净房产	0.834	0.805	0.820	0.779	0.814
非住房负债	0.013	0.020	0.018	0.017	0.019
生产性固定资产价值	—	0.052	0.031	0.046	
耐用消费品价值	—	0.048	0.054	0.059	0.064
其他资产现值	0.066	—	—	—	—
农村分项财产占比					
土地价值	0.191	0.168	0.161	0.135	—
金融资产	0.063	0.097	0.089	0.106	0.096
净房产	0.701	0.649	0.692	0.655	0.773
非住房负债	0.039	0.053	0.044	0.044	0.027
生产性固定资产价值	—	0.084	0.047	0.067	
耐用消费品价值	—	0.056	0.063	0.081	0.094
其他资产现值	0.084	—	—	—	—

数据来源：根据CFPS2010年、2012年、2014年、2016年、2018年调研数据计算所得。

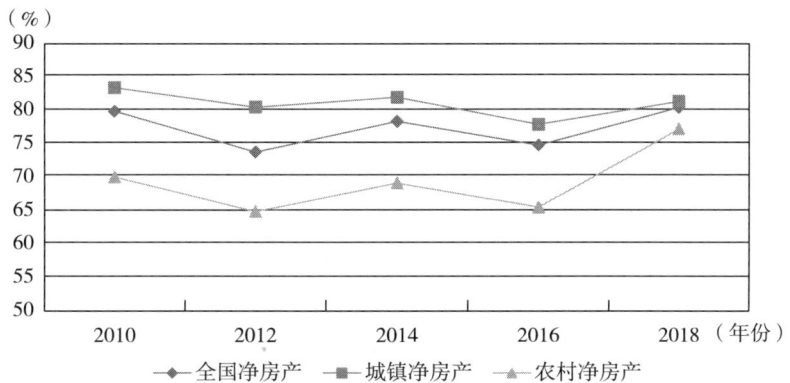

图 3.2 净房产占比

数据来源：根据 CFPS2010 年、2012 年、2014 年、2016 年、2018 年调研数据计算所得。

（1）我国居民家庭净财产结构集中于较为单一的房产。从全国数据来看，2018 年净房产占家庭净财产比例高达 80.5%，这一比例自 2010~2018 年实现了波动中增长，居民财产中占比第二位的为金融资产，该项资产自 2010~2018 年有了小幅增长，但是相对房产来说基数较小，不足以起到扭转差距的作用。而生产性固定资产、耐用消费品、土地价值、非住房负债等占比非常小，其变化对家庭净财产的影响不大。从城乡分样本来看，各分项财产占比情况基本上与全国样本一致，整体来看无论是城镇居民还是农村居民的家庭净财产都较为集中于单一的房产，且占比超过 70%，城镇达到 80% 以上。

（2）城镇居民净房产占比明显高于农村居民净房产占比，但是城镇房产占比有收敛趋势，而农村居民房产占比却有扩大趋势。从样本数据来看，城镇居民房产占比由 2010 年的 83% 减少至 2018 年的 81%，农村居民房产占比由 2010 年的 70% 增加至 2018 年的 77%，这也说明近几年城镇化过程中，农村房产价值逐渐增值。我国的城乡一体化过程中，农村财产有了一定程度的增值，取得了一定成效。

（3）我国居民财产各分项占比变化不大，财产结构基本稳定。2010~2018 年无论是全国样本还是城乡分样本占比最大的都是净房产，其次为金融资产，而剩余各分项占比较小，这样的财产分项占比在调研年限阶段内没有发生实质性改变，说明当前我国居民的财产结构基本稳定。

三、财产分布差距及其变化趋势

经过对我国居民家庭财产总值和财产结构的整体分析,2010~2018年我国居民家庭净财产保持了较快的增长势头,为了进一步分析其具体变化状况,我们对2010年和2018年两个调研节点的样本数据进行具体分析,比如,进行相关分组计算(见表3.4),绘制洛伦兹曲线、计算基尼系数等。

表3.4　2010年和2018年居民家庭财产十等分组　　　　　单位:元

十等分组	2010年全国	2010年城镇	2010年农村	2018年全国	2018年城镇	2018年农村
1	-5827	-10448	-1497	-1559	-2060	-812
2	23280	28023	21624	32163	42597	25754
3	44762	68479	36574	70158	107581	52618
4	68235	111740	52286	117649	192771	84308
5	96427	161363	69732	181496	295115	118260
6	130935	222254	90650	259032	432234	167389
7	181831	309730	115643	376279	613795	225297
8	265084	451386	153637	566910	924530	310263
9	447914	790809	222585	980677	1610827	473938
10	1706540	2428877	726276	3807457	5305616	1491633

数据来源:根据CFPS2010年、2018年调研数据计算所得。

通过计算家庭净财产十等分组累计占比数据(见表3.5和表3.6),我们发现2010年全国居民90分位及以下居民财产累计占比仅42%,从城乡分样本来看,城镇居民90分位及以下居民家庭财产累计占比为47%,农村居民该比例为51%,也就是说全国样本最富10%人群家庭财产占比达到58%,城镇居民该比例为53%,农村居民为49%。而50分位数居民家庭财产占总财产比例约8%,农村居民50分位数占比为12%,略高于城镇及全国水平。2018年全国居民90分位及以下居民财产累计占比仅40%,从城乡分样本来看,城镇居民90分位及以下居民家庭财产累计占比为44%,农村居民该比例为49%,也就是说全国样本最富10%人群家庭财产占比达到60%,城镇居民该比例为56%,农村居民为51%。而50分位数全国样本居民家庭财产占总财产比例约6%,农村居民50分位数占比为9%,略高于城镇及全国水平。这些数据说明中等收入群体财富占比较低,而最富裕人群占有了大多数的财富,我国居民财产不平等较为明显。对比2010年和2018年数据我们发现,2018年最富10%人群财产占比由58%增加到60%,50分位数人群财产占比由8%下降至6%,中等收入群体占比缩小,财产缓慢向最富人群集中。

表 3.5　2010 年居民家庭财产十等分组累计占比

十等分组	2010 年全国累计占比	2010 年城镇累计占比	2010 年农村累计占比
1	−0.0020	−0.0023	−0.0010
2	0.0059	0.0039	0.0135
3	0.0210	0.0189	0.0381
4	0.0441	0.0434	0.0733
5	0.0767	0.0787	0.1201
6	0.1209	0.1274	0.1811
7	0.1824	0.1953	0.2588
8	0.2719	0.2943	0.3621
9	0.4233	0.4676	0.5118
10	1.0000	1.0000	1.0000

数据来源:根据 CFPS2010 年调研数据计算所得。

表 3.6　2018 年居民家庭财产十等分组累计占比

十等分组	2018 年全国累计占比	2018 年城镇累计占比	2018 年农村累计占比
1	−0.0002	−0.0002	−0.0003
2	0.0048	0.0043	0.0085
3	0.0158	0.0156	0.0263
4	0.0342	0.0358	0.0549
5	0.0626	0.0668	0.0950
6	0.1031	0.1122	0.1518
7	0.1620	0.1766	0.2282
8	0.2507	0.2737	0.3334
9	0.4042	0.4429	0.4941
10	1.0000	1.0000	1.0000

数据来源:根据 CFPS2018 年调研数据计算所得。

我们分别绘制了全国居民、城镇居民、农村居民家庭财产的洛伦兹曲线图（见图3.3～图3.5），由洛伦兹曲线图可以看出2010～2018年，无论是全国居民、城镇居民还是农村居民，该时间段内洛伦兹曲线都更加远离绝对平均水平，即趋向于更加不平等。但是由曲线图也可以看出这种趋势并不是非常明显，说明不平等程度发展速度较为缓慢。

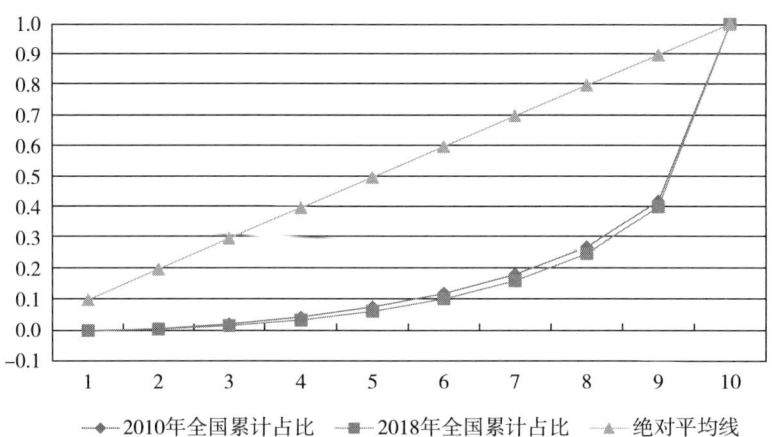

图3.3　2010年和2018年全国居民家庭财产洛伦兹曲线

资料来源：笔者绘制。

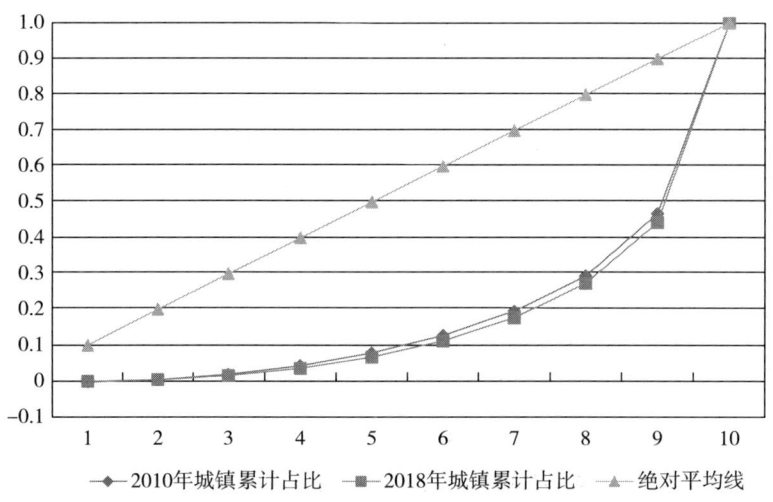

图3.4　2010年和2018年城镇居民家庭财产洛伦兹曲线

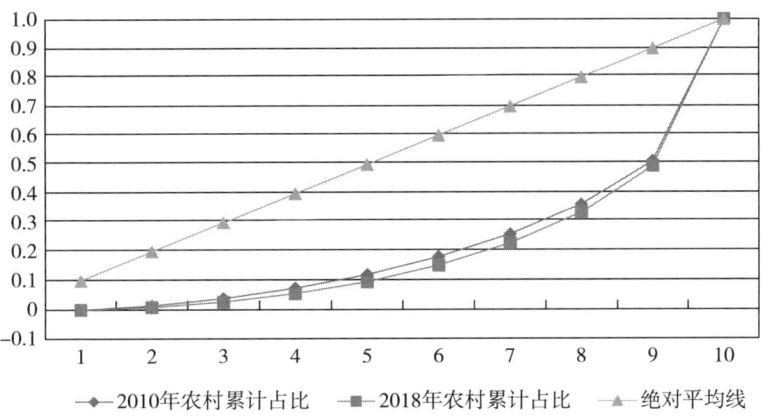

图 3.5 2010 年和 2018 年农村居民家庭财产洛伦茨曲线

我们计算居民家庭财产基尼系数以及占比最大的净房产基尼系数，进一步分析居民家庭财产差距及其变化趋势（见表 3.7）。由基尼系数来看，我国居民家庭财产基尼系数 2010 年达到 0.685，2018 年这一数据上涨到 0.716，处于较不平等的水平，这一水平较我国居民收入基尼系数相比要高得多。家庭财产中占比最大的净房产基尼系数较家庭财产基尼系数更加不平等，2018 年达到 0.757 的高位水平。从分样本数据来看，城镇居民和农村家庭净财产基尼系数较全国略低，这也说明城乡之间的差异对全国居民财产不平等有一定影响。无论全国样本还是城乡分样本都能看出净房产基尼系数都高于家庭财产基尼系数，且净房产在家庭财产中占比占绝大多数，净房产对家庭财产不平等的影响不言而喻。

表 3.7 2010 年和 2018 年居民财产基尼系数

	2010 年		2018 年	
	净房产	家庭净财产	净房产	家庭净财产
全国	0.733	0.685	0.757	0.716
城镇	0.648	0.663	0.735	0.694
农村	0.683	0.597	0.687	0.640

数据来源：根据 CFPS2010 年、2018 年调研数据计算所得。

另外，我们剔除了样本中家庭财产最高 10% 水平的样本重新计算基尼系数（见表 3.8）。我们能够看到家庭净财产和净房产基尼系数都有了较大幅度下降，剔除掉最高水平 10% 人群之后，2018 年家庭净财产基尼系数由 0.716 下降到 0.544，下降幅度达 24%；城镇居民家庭财产基尼系数由 0.694 下降至 0.550，下降幅度达 21%，2010 年家庭净财产基尼系数下降 27%。这说明最富 10% 人群对家庭净财产不平等的影响程度较为显著，且最富人群中的财产较为集中于房产。

表 3.8　2010 年和 2018 年剔除部分样本后居民财产基尼系数

	2010 年		2018 年	
	净房产	家庭净财产	净房产	家庭净财产
全国剔除最高 10%	0.582	0.496	0.603	0.544
城镇剔除最高 10%	0.563	0.516	0.608	0.550
农村剔除最高 10%	0.519	0.417	0.542	0.483

数据来源：根据 CFPS2010 年、2018 年调研数据计算所得。

四、财产区域差异及发展趋势

（一）财产省际不平等

我们对 CFPS2010 年、CFPS2018 年调研数据进行分省份汇总计算（见表 3.9、表 3.10、图 3.6 和图 3.7），数据结果表明：

表 3.9　2010 年各省市家庭净财产排序　　　　　　　　　　单位：元

省市	净房产	金融资产	非住房负债	家庭净财产
上海	1108362	75581	2690	1234824
北京	1097863	60860	3416	1184087
天津	492439	210371	16427	724971
浙江	324957	50912	7702	427212
江苏	306983	34990	7664	383816
湖南	196019	81090	5687	348684
湖北	211242	35870	6226	298703
福建	253286	11774	11397	296476
广东	205454	20916	4063	256968

续表

省市	净房产	金融资产	非住房负债	家庭净财产
河北	157748	19232	6280	203606
辽宁	143735	15685	4911	188648
重庆	153476	8741	5322	179609
山东	107121	24332	7218	171051
山西	127539	17525	9357	170987
云南	122326	5507	7424	169203
河南	120034	18719	6485	163447
安徽	110136	25165	8815	155112
江西	105360	8537	3771	143874
广西	94572	6979	3305	138311
甘肃	84704	11012	5860	137850
四川	102408	6599	6028	135180
贵州	90641	20698	3739	129836
陕西	90487	8785	5721	117509
黑龙江	87622	14648	7187	117177
吉林	65036	7841	3880	104229

数据来源：根据CFPS2010年调研数据计算所得。

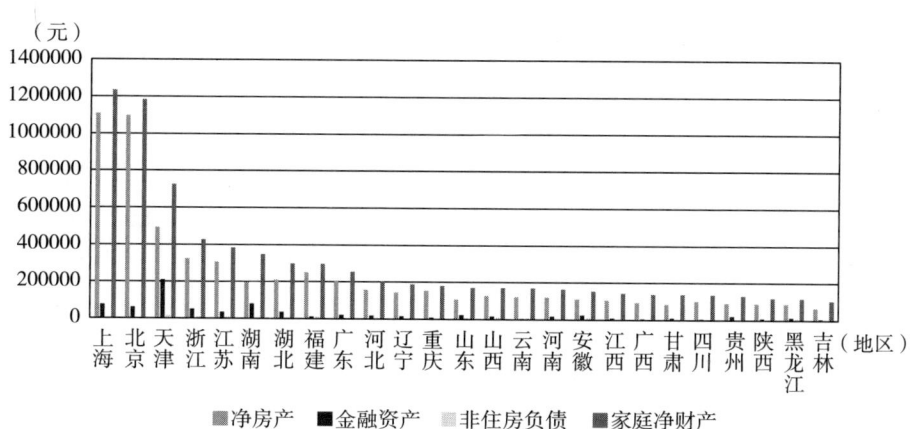

图3.6 2010年各省份家庭净财产

数据来源：根据CFPS2010年调研数据计算所得。

表 3.10　2018年各省市家庭净财产排序　　　　　单位：元

省市	净房产	金融资产	非住房负债	家庭净财产
上海	3044919	293274	15952	3458010
北京	1510964	155451	59504	1789813
江苏	786885	124819	18266	1027988
湖北	741248	126671	21540	962267
天津	764967	115721	21853	956549
浙江	645339	129788	28953	908710
重庆	601692	44005	12855	686341
广东	547366	59191	16936	676370
湖南	482528	87389	16507	648288
福建	538145	28827	6838	611308
河北	411457	45783	12949	507497
安徽	373485	48405	21487	501237
江西	358429	39259	6433	443462
河南	329916	45352	14321	432452
海南	361429	21429	14714	414857
山东	293373	46968	18451	402893
陕西	299483	49598	7950	388755
贵州	314303	25926	8768	384029
云南	280603	28375	10270	371601
甘肃	263977	33075	10468	343087
辽宁	218635	48628	5311	305620
山西	205961	51234	7154	302179
内蒙古	137500	70625	34375	298750
四川	217904	28880	6325	287134
广西	211402	23335	5428	265456
黑龙江	135345	32240	8206	199471
吉林	129966	31157	15721	198968
宁夏	40000	21440	6000	69440

数据来源：根据CFPS2018年调研数据计算所得。

第三章　财产、财产性收入差距的测度及其变动趋势

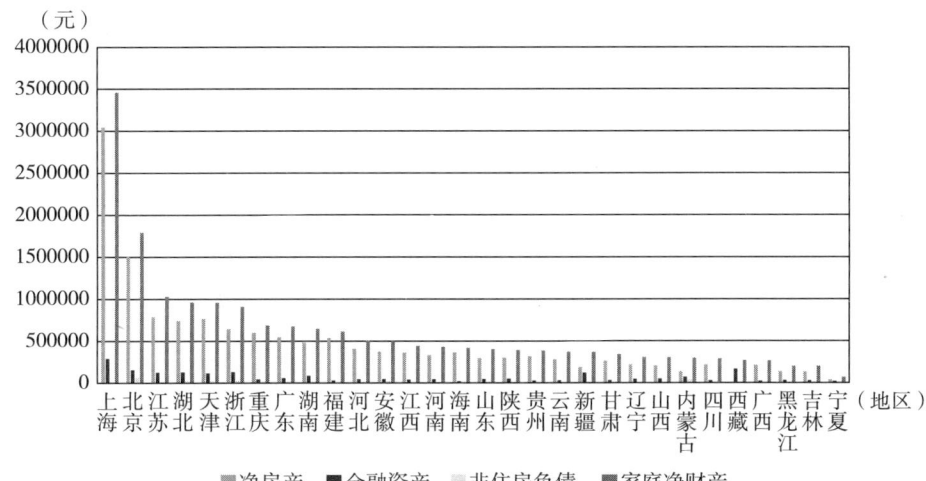

图 3.7　2018 年各省份家庭净财产

数据来源：根据 CFPS2010 年调研数据计算所得。

（1）位于东部地区的各个省份人均家庭净财产水平较高，上海作为全国的经济中心，其居民家庭净财产水平位居全国最高水平，2018 年上海居民家庭净财产是居于最低水平的宁夏的近 50 倍，是吉林的 17 倍，2010 年上海居民家庭净财产是居于最低水平的吉林的 11 倍（2010 年样本中宁夏数据缺失）。2010 年与 2018 年对比分析结果表明最高与最低水平省市之间的差距拉大。北京作为全国经济和政治中心，其居民家庭净财产也居于较高水平。省份排名较为靠前的基本上为经济发达的东部省市。上海、北京、江苏、天津等省市居民家庭财产水平较高，主要是由于：其一，这些省市为经济发展较为快速的地区，在高速发展的经济背景下其居民家庭收入水平较高且增长较快，由此带来的家庭财产的增加也较多；其二，这些地区房价水平较高，而净房产在居民家庭财产中占比较高，一定程度上影响了这些地区居民的家庭财产水平；其三，这些省市居民在经济发展过程中思想意识更加开放，整体受教育程度更高，投资理财意识更加超前，因此财产及财产性收入水平较高。

（2）排名位于中间偏上位置的省市与全国居民财产水平基本一致，例如湖北、福建、广东、浙江、重庆等省份。2010 年湖北、福建、广东三省样本排名分别为第 7、第 8、第 9（共 25 省市样本），其居民家庭财产均值分别为 298703 元、296476 元、256968 元，与全国 295981 元水平基本相当。2018 年广东、湖

南、福建的省份样本排名分别为第 8、第 9、第 10（共 28 省市样本），其居民家庭财产均值分别为 676370 元、648288 元和 611308 元，与 2018 年全国居民均值 638833 元基本相当。这些省份居民财产水平接近全国均值，但是排名处于中等偏上位置，而且 2018 年比 2010 年与全国水平相当的省份排名位置更加靠前，这也在一定程度上说明各省市之间有集聚发展的趋势。这些省市居民财产水平相对较高的原因可能有：首先，这些省份位于沿海或者中部交通枢纽位置，这些地区经济发展水平较高。其次，这些省份房价虽然不是全国最高水平，但是也是较高水平，净财产的作用不言而喻。最后，这些地区有的位于沿海，有些是经济发达区域，与北上广等地区居民投资意识接近，更加倾向于投资理财规划。

（3）排名最低的省份居民家庭财产水平仅相当于全国居民财产水平的 30% 到 35%，例如吉林、黑龙江、陕西，排名位于最后三位。这些省份的 2010 年居民家庭财产水平约 10 万到 11 万，相当于全国水平的 35%，2018 年约 20 万左右，相当于全国水平的 31%，远低于全国居民财产均值。而与全国水平相比，比例的降低也说明省市间财产差距缓慢拉大。吉林、黑龙江位于东北地区，这些省份主要产业为第一产业，产值较低，居民家庭收入较低；贵州等地处于中西部地区，地理位置偏远，居民家庭人均收入也不高；从投资意识来看，这些省市居民投资理财理念较差。

我们进一步计算了各省份占比较高的净房产和金融资产占比并以净财产占比为标准进行了省份排序（见表 3.11、表 3.12、图 3.8 和图 3.9），通过数据可知：

表 3.11 2010 年各分项财产占比

省市	净房产/家庭净财产	金融资产/家庭净财产
北京	0.93	0.05
上海	0.90	0.06
重庆	0.85	0.05
福建	0.85	0.04
江苏	0.80	0.09
广东	0.80	0.08
河北	0.77	0.09
陕西	0.77	0.07
辽宁	0.76	0.08

续表

省市	净房产/家庭净财产	金融资产/家庭净财产
浙江	0.76	0.12
四川	0.76	0.05
黑龙江	0.75	0.13
山西	0.75	0.10
河南	0.73	0.11
江西	0.73	0.06
云南	0.72	0.03
安徽	0.71	0.16
湖北	0.71	0.12
贵州	0.70	0.16
广西	0.68	0.05
天津	0.68	0.29
山东	0.63	0.14
吉林	0.62	0.08
甘肃	0.61	0.08
湖南	0.56	0.23

数据来源：根据 CFPS2010 年调研数据计算所得。

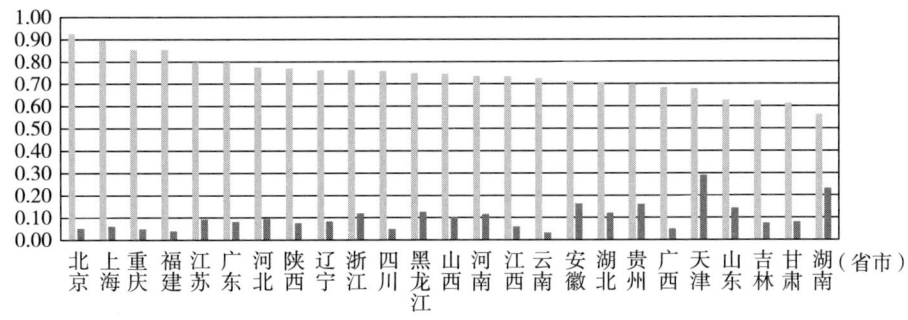

图 3.8　2010 年各分项财产占比

数据来源：根据 CFPS2010 年调研数据计算所得。

表 3.12　2018 年各分项财产占比

省市	净房产/家庭净财产	金融资产/家庭净财产
上海	0.88	0.08
福建	0.88	0.05
重庆	0.88	0.06
海南	0.87	0.05
北京	0.84	0.09
贵州	0.82	0.07
河北	0.81	0.09
广东	0.81	0.09
江西	0.81	0.09
天津	0.80	0.12
广西	0.80	0.09
陕西	0.77	0.13
湖北	0.77	0.13
甘肃	0.77	0.10
江苏	0.77	0.12
河南	0.76	0.10
四川	0.76	0.10
云南	0.76	0.08
安徽	0.75	0.10
湖南	0.74	0.13
山东	0.73	0.12
辽宁	0.72	0.16
浙江	0.71	0.14
山西	0.68	0.17
黑龙江	0.68	0.16
吉林	0.65	0.16
宁夏	0.58	0.31
内蒙古	0.46	0.24

数据来源：根据 CFPS2018 年调研数据计算所得。

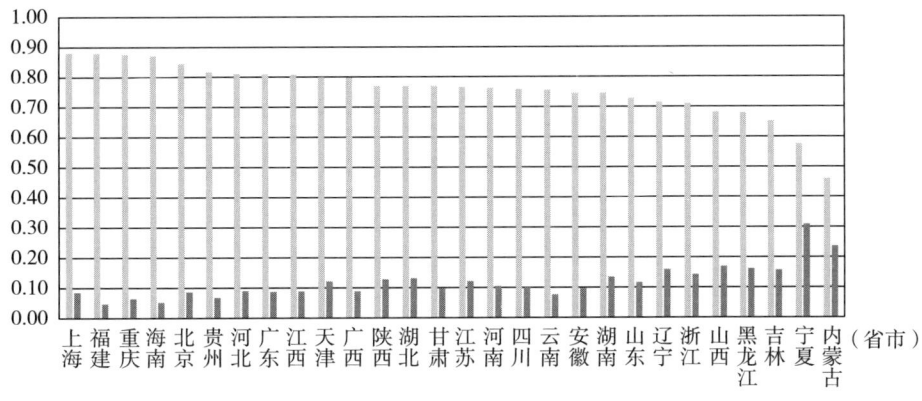

图 3.9　2018 年各分项财产占比

数据来源：根据 CFPS2010 年调研数据计算所得。

（1）全国各省份净房产都占家庭净财产比重较高，绝大多数省份净房产占比都超过 70%，部分省市净房产占比超过 80%。2010～2018 年净房产占比超过 80% 的省份从 6 个增加到 11 个。

（2）从净房产占比来看，经济较发达地区，如北京、上海以及部分沿海省市净房产占比较高，排名靠前。2010 年北京、上海等城市净房产占比高达 90% 及以上。2018 年北京、上海等地净房产占比略有降低，但是仍然接近 90%；部分气候条件较好、适宜居住的省市或者近几年经济发展好的地区净房产占比有所增加，例如海南（2010 年缺失样本）、福建、云南、广西、贵州、湖北、湖南、山东等地；处于东北地区的省市净房产占比相对较低，例如吉林，2010 年和 2018 年排名都较为靠后。

为了进一步分析家庭财产水平较高的省市对全国财产基尼系数的影响程度，我们通过对省市样本家庭财产均值计算省市基尼系数，并且通过删除家庭财产较高的省市后重新计算基尼系数（见表 3.13）进行分析发现，2010 年全部省份家庭净财产基尼系数为 0.420，而净房产基尼系数略高为 0.462，2018 年全部省份家庭净财产基尼系数和净房产基尼系数都有所下降，说明省份之间的差距逐渐缩小。为了分析不同财产阶层对各省份财产基尼系数的影响程度，我们分别删除最高水平的 10% 和 20% 省份样本重新计算基尼系数，2010 年数据删除最高 10% 省份样本后，净房产基尼系数由 0.462 下降至 0.251，净财产基尼系数由 0.42 下降至0.233，删除最高20%省份样本后，净房产基尼系数下降至0.198，净财产基尼系数下降至0.167。同样，2018年数据删除最高10%省份样本后，净房产基尼系数由0.445下降至0.297，净财产基尼系数由0.412下降至0.272，删除最高20%省份样本后，净房产基尼系数下降至0.262，净财产基尼系数下降至0.221。这说明最高的10%和20%省份样本对省际财产不平等的影响程度较大。对比两年数据我们发现，删除最高10%和20%省份数据之后，2018年净房产和家庭净财产基尼系数下降幅度小于2010年的下降幅度，这在一定程度上说明最高10%和20%的省份样本对省际不平等的影响程度在降低，省际之间的净房产和家庭财产的不平等程度也在降低。

表3.13 2010年和2018年各省份基尼系数

	2010年		2018年	
	净房产	家庭净财产	净房产	家庭净财产
全部省份	0.462	0.420	0.445	0.412
删除最高10%	0.251	0.233	0.297	0.272
删除最高20%	0.198	0.167	0.262	0.221

数据来源：根据CFPS2010年、2018年调研数据计算所得。

（二）东、中、西部财产不平等

参考统计局2017年1月公布的2016年全国房地产开发投资和销售情况中对东、中、西的划分如下，东部地区包括北京、天津、河北、辽宁、上海、江苏、浙江、福建、山东、广东、海南11个省（市）；中部地区包括山西、吉林、黑龙江、安徽、江西、河南、湖北、湖南8个省；西部地区包括内蒙古、广西、重庆、四川、贵州、云南、西藏、陕西、甘肃、青海、宁夏、新疆12个省（自治区、直辖市）。

由数据可知（见表3.14和表3.15），2010年东部地区家庭净财产绝对值达到46.7万元，而中部地区仅为18万元，西部地区不到14万元，东部地区是中部地区的2.6倍，是西部地区的3.3倍；2018年东部地区家庭净财产绝对值达到97万元，而中部地区为42.8万元，西部地区为35万元，东部地区是中部地区的2.3倍，是西部地区的2.8倍。从净财产来看，东中西部绝对值都有大幅度的上涨。从东中西部的差距来看，有逐渐缩小的趋势。

表 3.14 2010 年东中西部家庭净财产情况　　　　　　　　　单位：元

	土地价值	金融资产	净房产	其他资产现值	非住房负债	家庭净财产
东部地区	15025	36258	394698	26282	5178	467086
中部地区	18416	24447	125110	18911	6733	180152
西部地区	23774	10186	96892	14572	5572	139851

数据来源：根据 CFPS2010 年、2018 年调研数据计算所得。

表 3.15 2018 年东中西部家庭净财产情况　　　　　　　　　单位：元

	净房产	耐用消费品	金融资产	非住房负债	家庭净财产
东部地区	802567	55690	94408	15511	969380
中部地区	319363	40842	52238	13289	427800
西部地区	274141	31147	33589	9048	350724

数据来源：根据 CFPS2010 年、2018 年调研数据计算所得。

从各分项财产占家庭净财产比例来看（见表 3.16 和表 3.17），2010 年和 2018 年东部地区净房产占比明显高于中西部地区，东部地区与中西部地区净房产占比差距逐渐缩小。这可能是由于近几年中西部地区房产价值逐渐上升，提高了净房产在家庭净财产中的比重。另外 2010 年和 2018 年金融资产占比东部地区和西部地区都有一定程度的增加。

表 3.16 2010 年东中西部家庭净财产占比情况

	土地价值占比	金融资产占比	净房产占比	其他资产现值占比	非住房负债占比
东部地区	0.03	0.08	0.85	0.06	0.01
中部地区	0.10	0.14	0.69	0.10	0.04
西部地区	0.17	0.07	0.69	0.10	0.04

数据来源：根据 CFPS2010 年、2018 年调研数据计算所得。

表 3.17 2018 年东中西部家庭净财产占比情况

	净房产占比	耐用消费品占比	金融资产占比	非住房负债占比
东部地区	0.83	0.06	0.10	0.02
中部地区	0.75	0.10	0.12	0.03
西部地区	0.78	0.09	0.10	0.03

数据来源：根据 CFPS2010 年、2018 年调研数据计算所得。

为了更直观地分析东中西部差距的变化,我们以东部地区为基准计算其他地区与东部地区的比值(见表3.18和表3.19)。通过计算我们能够更直观地看到中西部地区家庭净财产与东部地区的差距在逐渐缩小。2010年中部地区家庭净财产指数为0.39,而2018年指数上升至0.44,西部地区该指数由0.30上升至0.36。同样净房产指数2010年和2018年中西部地区也有所上涨,说明中西部地区与东部地区净房产差距也在逐渐缩小。

表3.18 2010年东中西部家庭财产情况对比分析

	土地价值	金融资产	净房产	其他资产现值	非住房负债	家庭净财产
东部地区	1	1	1	1	1	1
中部地区	1.23	0.67	0.32	0.72	1.30	0.39
西部地区	1.58	0.28	0.25	0.55	1.08	0.30

数据来源:根据CFPS2010年、2018年调研数据计算所得。

表3.19 2018年东中西部家庭财产情况对比分析

	净房产	耐用消费品	金融资产	非住房负债	家庭净财产
东部地区	1	1	1	1	1
中部地区	0.40	0.73	0.55	0.86	0.44
西部地区	0.34	0.56	0.36	0.58	0.36

数据来源:根据CFPS2010年、2018年调研数据计算所得。

第三节 财产性收入差距及其变化趋势

一、数据来源及研究方法

(一)数据来源

本书所使用的数据主要来自中国国家统计局年度数据以及CFPS2010年和2018年公布的统计数据进行测算分析。其中涉及国家统计局公布的数据本书自2013年开始进行分析测算,主要原因一是由于2013年以来国家统计局对人民生活相关情况的调研重新调整了统计口径,不再公布分组调查结果。二是作者之前对 2001~2012 年相关数据利用其他数据库做了类似研究。由于国家统计局不再公布分组数据,本书利用 2010 年和 2018 年 CFPS 的微观调研数据进行测算分析。

(二) 研究方法

在基尼系数的基础上,进一步对其进行分解,探讨基尼系数的层级分解,即分解后组内再分解,用于解释收入差距。本节采用 Lerman 和 Yitzhaki (1985) 提出的不平等分项收入分解法,该方法具有以下两个优点:其一,方法简单明了,有助于说明问题的本质;其二,可以考察各分项收入对收入不平等的边际影响。假设 Y 代表某个居民家庭的人均全部收入,Y_1,Y_2,…,Y_k 代表 K 种不同来源的收入,则有式 (3.6):

$$Y = \sum_{k=1}^{k} Y_k \tag{3.6}$$

假设 G 代表总收入的基尼系数,G_1,G_2,…,G_k 代表各分项收入的拟基尼系数,μ 代表总平均收入,μ_1,μ_2,…,μ_k 代表各分项收入的平均收入,则有式 (3.7):

$$G = \sum_{k=1}^{k} \left(\frac{\mu_k}{\mu}\right) \times G_k \tag{3.7}$$

再假设有 N 个家庭,则有式 (3.8):

$$\mu = \frac{Y}{N} = \frac{\sum_{k=1}^{k} Y_k}{N} = \sum_{k=1}^{k} \frac{Y_k}{N} = \sum_{k=1}^{k} \mu_k \tag{3.8}$$

进一步则有式 (3.9):

$$\sum_{k=1}^{k} \left(\frac{\mu_k}{\mu}\right) = 1 \tag{3.9}$$

令 $S_k = \mu_k/\mu_y$,我们可得式 (3.10):

$$G = \sum_{k=1}^{k} S_k G_k \tag{3.10}$$

其中,S_k 是第 k 项收入占全部收入的比重。$S_k C_k/G \times 100\%$ 表示第 k 项收入对全部收入基尼系数的贡献率。Adams (1994) 进一步将 C_k/G 定义为相对集中指数 (Concentration Index),若某项收入的相对集中指数大于 1,则该项收入为差距促增 (Inequality Increasing),若小于 1,则为差距促减 (Inequality Decreasing)。

二、居民可支配收入与财产性收入

从统计局公布的全国居民人均可支配收入来看（见表3.20），2013～2019年，我国居民人均可支配收入不断增加，全国居民人均可支配收入从2013年的18311元增加至2019年的30733元，年均增长率达到9%；工资性收入由10411元增加到17186元，年均增长率达到8.7%；经营性收入由3435元增加至5247元，年均增长率为7%；财产性收入由1423元增加到2619元，年均增长率约为11%；转移性收入由3042元增加至5680元，年均增长率约11%。

表3.20　2013～2019年按收入来源分全国居民人均可支配收入情况　单位：元

年份	人均可支配收入	工资性收入	经营性收入	财产性收入	转移性收入
2013	18311	10411	3435	1423	3042
2014	20167	11421	3732	1588	3427
2015	21966	12459	3956	1740	3812
2016	23821	13455	4218	1889	4259
2017	25974	14620	4502	2107	4744
2018	28228	15829	4852	2379	5168
2019	30733	17186	5247	2619	5680

数据来源：中国统计年鉴。

从各收入来源占比来看（见表3.21），2013年至2019年全国居民工资性收入占比均超过50%，是居民可支配收入中的最重要来源，但工资性收入占比有逐年下降的趋势；经营性收入占比位居第二，但是也有逐渐下降的趋势；财产性收入和转移性收入占比逐年上升，但是财产性收入占比基数最小，对居民可支配收入的影响并不大。

表3.21　2013～2019年全国居民各收入来源占比情况

年份	工资性收入	经营性收入	财产性收入	转移性收入
2013	0.569	0.188	0.078	0.166
2014	0.566	0.185	0.079	0.170
2015	0.567	0.180	0.079	0.174

续表

年份	工资性收入	经营性收入	财产性收入	转移性收入
2016	0.565	0.177	0.079	0.179
2017	0.563	0.173	0.081	0.183
2018	0.561	0.172	0.084	0.183
2019	0.559	0.171	0.085	0.185

数据来源：中国统计年鉴。

从2013~2019年城镇居民各收入来源占比来看（见表3.22和表3.23），工资性收入占比超过60%，高于全国平均水平，经营性收入和转移性收入占比基本维持不变，低于全国平均水平。财产性收入占比逐年增加并高于全国平均水平。

表3.22　2013~2019年按收入来源分城镇居民人均可支配收入情况　单位：元

年份	人均可支配收入	工资性收入	经营性收入	财产性收入	转移性收入
2013	26467	16617	2975	2552	4323
2014	28844	17937	3279	2812	4816
2015	31195	19337	3476	3042	5340
2016	33616	20665	3770	3271	5910
2017	36396	22201	4065	3607	6524
2018	39251	23792	4443	4028	6988
2019	42359	25565	4840	4391	7563

数据来源：中国统计年鉴。

表3.23　2013~2019年城镇居民各收入来源占比情况

年份	工资性收入	经营性收入	财产性收入	转移性收入
2013	0.628	0.112	0.096	0.163
2014	0.622	0.114	0.097	0.167
2015	0.620	0.111	0.098	0.171
2016	0.615	0.112	0.097	0.176
2017	0.610	0.112	0.099	0.179
2018	0.606	0.113	0.103	0.178
2019	0.604	0.114	0.104	0.179

数据来源：中国统计年鉴。

从 2013 年至 2019 年农村居民各收入来源占比来看（见表 3.24 和表 3.25），工资性收入占比基本维持 40% 左右，明显低于全国平均水平，经营性收入占比较高，明显高于全国平均水平和城镇居民平均水平。但是农村财产性收入占比基本维持不变，而且占比较低，明显低于城镇和全国水平。城镇居民财产性收入约为农村居民的 4.5 倍，农村居民的财产性收入处于较低的水平。

表 3.24　2013～2019 年按收入来源分农村居民人均可支配收入情况　单位：元

年份	人均可支配收入	工资性收入	经营性收入	财产性收入	转移性收入
2013	9430	3653	3935	195	1648
2014	10489	4152	4237	222	1877
2015	11422	4600	4504	252	2066
2016	12363	5022	4741	272	2328
2017	13432	5498	5028	303	2603
2018	14617	5996	5358	342	2920
2019	16021	6583	5762	377	3298

数据来源：中国统计年鉴。

表 3.25　2013～2019 年农村居民各收入来源占比情况

年份	工资性收入	经营性收入	财产性收入	转移性收入
2013	0.387	0.417	0.021	0.175
2014	0.396	0.404	0.021	0.179
2015	0.403	0.394	0.022	0.181
2016	0.406	0.383	0.022	0.188
2017	0.409	0.374	0.023	0.194
2018	0.410	0.367	0.023	0.200
2019	0.411	0.360	0.024	0.206

数据来源：中国统计年鉴。

从年均增长率来看（见表 3.26），财产性收入和转移性收入的年均增长率较高，且农村的年均增长率要高于城镇，这也说明近几年城镇化过程中，农村经济有了较大的发展，农民的投资意识加强，政府在城镇化和扶贫过程中对于农村居民有较明显的政策支持。

第三章　财产、财产性收入差距的测度及其变动趋势

表3.26　2013~2019年我国居民收入年均增长率

年均增长率	人均可支配收入	工资性收入	经营性收入	财产性收入	转移性收入
全国	0.09	0.09	0.07	0.11	0.11
城镇	0.08	0.07	0.08	0.09	0.10
农村	0.09	0.10	0.07	0.12	0.12

数据来源：中国统计年鉴。

三、各收入分组居民可支配收入与财产性收入

由于国家统计局不再公布分组统计数据，作者利用CFPS2010年和2018年微观调研数据进行分析。本部分内容以人均可支配收入为标准，由低到高划分了收入五等分组，具体分析不同收入分组下的各项收入来源的具体情况（见表3.27、表3.28、图3.10和图3.11）。

根据两年微观调研数据计算分析可得：

表3.27　2010年各收入分组下收入来源具体情况　　　　单位：元

收入分组	工资性收入	经营性收入	财产性收入	转移性收入	其他收入	家庭纯收入
最低收入20%	2892	2482	71	280	296	6082
中等偏下收入20%	9670	4181	114	539	524	15113
中等收入20%	16916	4668	174	1285	868	24051
中等偏上收入20%	26463	4613	430	4168	1532	37441
最高收入20%	57534	8553	2807	12471	4471	86284

数据来源：根据CFPS2010年计算所得。

表3.28　2018年各收入分组下收入来源具体情况　　　　单位：元

收入分组	工资性收入	经营性收入	财产性收入	转移性收入	其他收入	家庭纯收入
最低收入20%	7764	1697	274	1359	173	11267
中等偏下收入20%	26252	2896	427	1487	331	31393
中等收入20%	42986	3032	876	1670	598	49162
中等偏上收入20%	59950	2719	1655	2166	1103	67592
最高收入20%	105201	2446	4943	3500	5408	121497

数据来源：根据CFPS2018年计算所得。

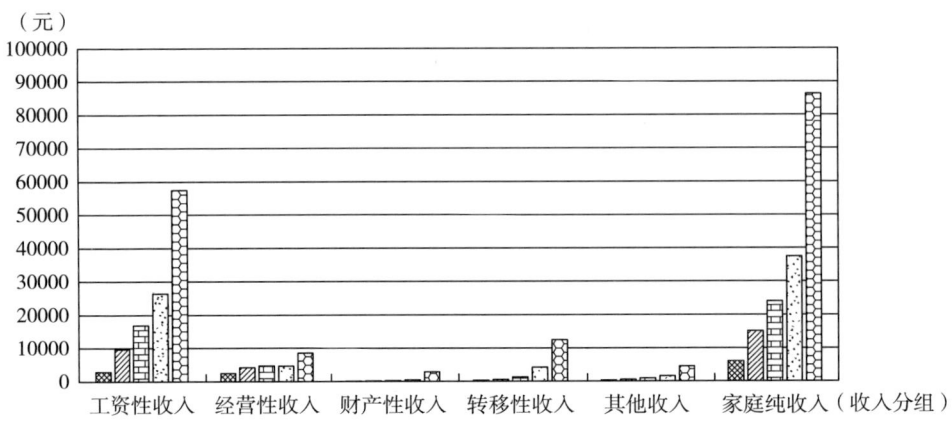

图 3.10　2010 年各收入分组收入来源具体情况

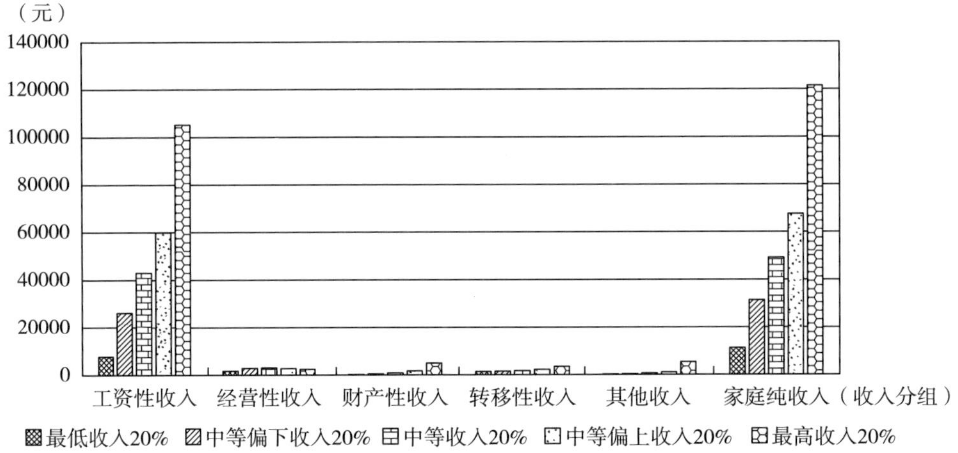

图 3.11　2018 年各收入分组收入来源具体情况

（1）各收入组人均家庭纯收入都有了较大幅度的增长，且中低收入组家庭纯收入的增长速度高于较高收入组，例如中等收入的 20% 人群家庭纯收入 2018 年比 2010 年增加 104%，而最高收入的 20% 增加比例为 41%，各收入组之间的差距逐渐缩小。

（2）各收入组工资性收入差异较大，增长趋势与家庭纯收入的增长趋势基本一致，中低收入组家庭工资性收入增加速度也高于较高收入组。从工资性收入来看，2010 年最高收入组是最低收入组的 20 倍，2018 年最高收入组是最低收入组的 14 倍，组间差距较大。但是从数据来看，中等收入 20% 人群工资性收入增加速度高达 154%，而最高收入 20% 增加比例为 83%。也就是说中低收入阶层的工资性收入逐渐追赶高收入组，差距在缩小。

（3）各收入组财产性收入差异较大，且各收入组财产性收入增长速度普遍较快。例如，2010 年最高收入组是最低收入组的 39 倍，2018 年最高收入组是最低收入组的 18 倍，最高与最低收入组差距较大，但是这种差距也在缩小。从增长速度来看，除了最高收入组外，各个组增长速度均较快，且中等收入 20% 群体增加 3 倍之多。

不同收入组各项收入的增加尤其是中等收入群体家庭纯收入、工资性收入、财产性收入等快速增长，这与近几年政府政策支持增加中等收入群体收入密不可分，这也使得各收入分组之间的差距逐渐缩小，有利于缩小居民的整体收入差距。

为了进一步分析各项收入来源对整体居民收入不平等的影响程度，作者利用 CFPS2010 年和 2018 年的微观调研数据计算了各项收入来源的基尼系数以及居民家庭纯收入基尼系数（见表 3.29 和图 3.12），通过基尼系数我们可以得到，工资性收入基尼系数与居民纯收入基尼系数基本一致，这是由于该项收入占比较大，所以起到了决定性的作用，而我们所关注的财产性收入基尼系数之高，当然这样的数据可能是由于存在样本偏差，但是一定程度上能够说明财产性收入内部差异相当明显，不过财产性收入基数小占比低，不足以起到决定性的影响。经过对两年数据对比，我们发现财产性收入基尼系数略有降低，内部差距在不断缩小，当然由于微观数据限制，该结论还不够严谨，有待验证。

表 3.29　2010 年和 2018 年居民收入基尼系数

基尼系数	2010 年	2018 年
工资性收入	0.59	0.59
经营性收入	0.80	0.90
财产性收入	0.98	0.96
转移性收入	0.89	0.91
其他收入	0.91	0.98
家庭纯收入	0.51	0.55

数据来源：根据 CFPS2010 年、2018 年计算所得。

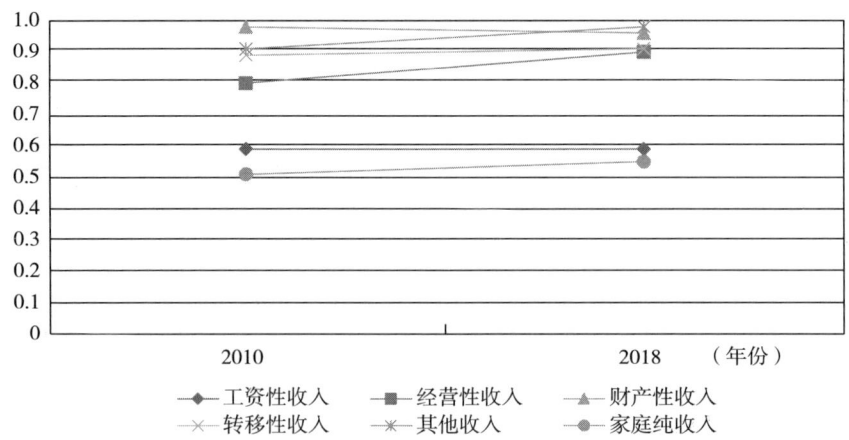

图 3.12　2010 年和 2018 年各收入来源基尼系数

为了进一步分析各项收入对居民不平等的影响程度，笔者计算了各项收入的相对集中指数（见表 3.30），从 2018 年数据来看，工资性收入起到了缩小收入差距的作用，而财产性收入对居民不平等的影响最大，当然由于财产性收入基数较小，不足以影响居民收入差距的整体趋势。从财产性收入的发展趋势来看，财产性收入差距对居民不平等的贡献率在降低。

表 3.30　2010 年和 2018 年各分项收入相对集中指数

收入来源	2010 年	2018 年
工资性收入	1.090	0.988
经营性收入	1.468	1.510
财产性收入	1.798	1.613
转移性收入	1.628	1.539
其他收入	1.668	1.650

数据来源：根据 CFPS2010 年、2018 年计算所得。

第四节　财产性收入与城乡收入差距
——以山东省为例

1978 年以来，我国经济一直保持着高速增长，居民收入水平与日俱增，生活质量日益提高。与此同时，财产性收入作为居民可支配收入的主要来源之一，也在不断增长。与 2013 年相比，我国城镇居民 2018 年的人均财产净收入增长约 1.57 倍，同一时期，农村居民的增长幅度达 1.75 倍，居民财产性收入的快速增长已经是大趋势，然而伴随着财产性收入的提升，城镇和农村居民的收入差距问题仍比较突出。城乡居民收入差距的扩大，对社会公平与稳定不利，对经济的可持续发展也不利，缩小两者差距对于我国来说意义重大。众多学者从各个方面对城乡收入差距进行分解，研究其影响因素，例如郭兴方（2005）对其进行定性分析，将其分解为消费差距和储蓄差距；黄祖辉等（2005）从收入来源角度出发，对城乡收入差距进行了定量分解；朱子云（2014）构建了城乡收入差距的双层分解模型，指出首要因素是产出分配率差异。在当今财产性收入快速增长的背景下，城乡财产性收入差距尤为明显，从 2013 年的 2357 元增加到 2018 年的 3686 元，增长 1.56 倍，财产性收入对总收入差距的贡献在不断扩大，备受国内外学者关注，不少学者进一步研究了财产性收入及其差距，李金良（2008）研究了城乡收入差距的影响，发现财产性收入迅速增长必然会对贫富差距产生影响；王悦侠（2017）分析了我国居民财产性收入现状及财产性收入差距现状；覃建芹（2019）基于沙市时间序列数据，发现农村居民可支配收入来源不稳定，与城镇相比差距较大，其中，财产性收入差距尤为明显，且有逐年扩大的趋势；覃建芹（2019）还基于农村居民财产性收入低对其来源和增收作了单独研究，提出了财产性收入增收建议；邓江东和李玉冰（2019）以江苏省为例研究财产性收入差异与经济增长，结果表明如果差距很小且稳定，它将提升经济发展的效率，但是如果这种差距以高速度趋势扩大，这将对经济发展造成严重影响，提出通过扩大农民财产性收入来促进经济良性协调发展的建议。

在当今形势下，城乡之间发展不平衡问题一直是我们国家发展进程中的一大阻碍，我们有必要基于收入来源分析城乡收入差距。本节将以山东省为例进行分析，对城乡收入差距进行实证分析，聚焦其与财产性收入及其差距的关系。首先从收入来源角度探究城乡收入差距，找出差距主要来源，然后进一步分析财产性收入差距具体来源，并根据研究结果对缩小城乡收入差距和增加财产性收入提供一些政策建议。

一、数据来源和研究方法

(一)数据来源

本节使用的数据来源于山东省国民经济和社会发展统计公报(2005～2019年)、中华人民共和国国民经济和社会发展统计公报(2005～2019年)、《山东省统计年鉴》(2005～2019年)。

由于山东省统计年鉴对于财产性收入的统计指标为财产净收入,因此在分析财产性收入来源时,我们将财产净收入作为研究对象。自2013年起,实施了城乡住户调查一体化,对某些指标名称和口径范围做了调整,《山东省统计年鉴》中的财产净收入的细分项有所变化,调整后财产净收入共包括8项。

其中需要注意的是,我国对于自有住房折算净租金的城乡处理有差异。鉴于我国农村住房交易市场不健全,难以进行统计,因此只有城镇居民的"自有住房折算净租金"调查数据,对于农村居民,将房屋市场价值等同于当年的建房价格,一概按0处理。显然,城乡统计数据所采取的不同处理方式,成为我们分析财产净收入来源路上的绊脚石。早在2013年,与其他各分项相比,山东省城镇居民的该项收入在财产净收入的占比就达到了最大,高达69.79%,已经到了不容小觑的程度,而此时农村居民的该统计指标按0处理,如果我们直接比较城乡财产净收入总额,这必定会造成研究结果的重大偏差。覃建芹(2019)在研究长沙市城乡居民收入差距时也遇到了此类问题,他为我们提供了两种可供选择的解决途径。一是估计法,即对农村居民的该项收入进行大体估计,并用估计值去补充农村居民的"自有住房折算净租金"数据;二是剔除法,顾名思义,就是将城镇居民的该项收入剔除掉,城乡均不考虑该分项收入。考虑到我省大多数农村地区住房租赁市场不健全,甚至不存在住房租赁市场,难以对"自有住房折算净租金"进行估算,所以本书在分析时采取途径二,比较城乡居民的实际收入。

(二)研究方法

1. 洛伦兹曲线和基尼系数

沿用前述洛伦兹曲线和基尼系数,在此不做赘述。本部分先采取差值法计算各分项收入的拟基尼系数,其计算公式为式(3.11):

$$G_i = Y_{ui} - P_u = P_r - Y_{ri} \quad (i = 1, 2, 3, 4) \tag{3.11}$$

其中,G_i为用各分项收入衡量的拟基尼系数;i代表各分项收入,如$i=1$为工资性收入;Y_{ui}代表城镇居民各分项总收入在居民总收入中所占的比重;Y_{ri}代表农村居民各分项总收入在居民总收入中所占的比重；P_u 和 P_r 分别代表城镇和农村人口在总人口中所占的比重。

采用不平等分项收入分解法计算基尼系数，该方法比较简单，更重要的是，该方法能考察各分项对收入不平等的边际贡献，可支配收入的基尼系数 G 计算公式为式（3.12）：

$$G = \sum_{i=1}^{4} \lambda_i G_i \quad (3.12)$$

其中，G_i 代表各分项收入的拟基尼系数；λ_i 代表居民第 i 项人均收入在居民人均可支配收入中所占比重；$\lambda_i G_i / G$ 表示第 i 项收入对可支配收入基尼系数的贡献率。

2. 城乡收入比

城乡收入比这一比值经常被用来测度城乡收入差距，比值越大，表明城乡居民收入差距越大。基尼系数有多种算法，算法不同，结果会有所差别，而城乡收入比只有一种计算公式，因此，本文选取该指标衡量山东省城乡居民收入差距。其计算公式为式（3.13）：

$$\text{城乡收入比} = \frac{\text{城镇居民收入}}{\text{农村居民收入}} \quad (3.13)$$

3. 泰尔指数

泰尔指数，用来测度个人或地区间收入差距，这一指标经常被使用，其计算公式为式（3.14）：

$$T(0) = \left(\frac{1}{N}\right) \sum_{i=1}^{N} \ln\left(\frac{\bar{y}}{y_i}\right) \quad (3.14)$$

其中，T（0）代表泰尔指数，N 代表分组的数量，y_i 代表第 i 组的人均收入，$\bar{y}$ 代表 y_i 的平均值。

城乡之间的泰尔指数定义为式（3.15）：

$$T = \sum_{i=1}^{n} \left(\frac{P_i}{P} \times \ln \frac{P_i/P}{I_i/I}\right) \quad (3.15)$$

式中，I_i 和 I 分别为第 i 个分组的收入和总收入，P_i 和 P 分别为第 i 个分组的人口和总人口，n 为具体的地区的数量或分组的数量。由式（3.15）可以得知，泰尔指数综合考虑了绝对收入和人口结构。城乡之间的泰尔指数大于或等于 0，越大城乡居民收入差距越大，越小城乡居民收入差距越小。

二、山东省城乡收入差距及收入结构差异分析

(一) 山东省经济发展状况

从山东省的经济概况来看,山东省是中国东部的沿海省份,是中国的资源、人口大省,经济发展较快,是中国最具实力的省份之一。中华人民共和国成立以来,在党的领导下,全省经济社会发展取得了显著成就。随着时间的推进,山东省经济发展在数量上和质量上均有所提高,其综合实力也在不断提升,无论是农村还是城市,其在微观和宏观层面都取得了累累硕果。

从表3.31可以看出,2005~2019年,山东省经济增速一直居于较高水平,平均经济增速为10.3%,增长最快的年份为2005年,增速为15.2%。而在此期间,全国的平均经济增速仅为8.4%,山东省平均每年高出全国1.9个百分点,而且大多数年份始终高于全国经济增速,仅有2019年低于全国水平,这也可以充分说明山东省经济发展迅速。

表3.31 2005~2019年山东省经济总量及其经济增速与全国经济增速

年份	山东省经济总量(亿元)	山东省经济增速(%)	中国经济增速(%)
2005	18468.3	15.2	9.9
2006	21846.7	14.7	10.7
2007	25887.7	14.3	11.4
2008	31072.1	12.1	9.0
2009	33805.3	11.9	8.7
2010	39416.2	12.5	10.3
2011	45429.2	10.9	9.2
2012	50013.2	9.8	7.8
2013	54684.3	9.6	7.7
2014	59426.6	8.7	7.4
2015	63002.3	8.0	6.9
2016	67008.2	7.6	6.7
2017	72678.2	7.4	6.9
2018	76469.7	6.4	6.6
2019	71067.5	5.5	6.1

数据来源:山东省国民经济和社会发展统计公报(2005~2019年)、中华人民共和国国民经济和社会发展统计公报(2005~2019年)。

图 3.13 为 2005~2019 年山东省经济总量柱状图和山东省、全国经济增速折线图,从图中我们可以很直观地看出,山东省经济总量呈上升趋势,其经济增速和全国经济增速均呈下降趋势,但一直高于全国水平。表 3.31 和图 3.13 都充分表明山东省的经济总量不断增大。

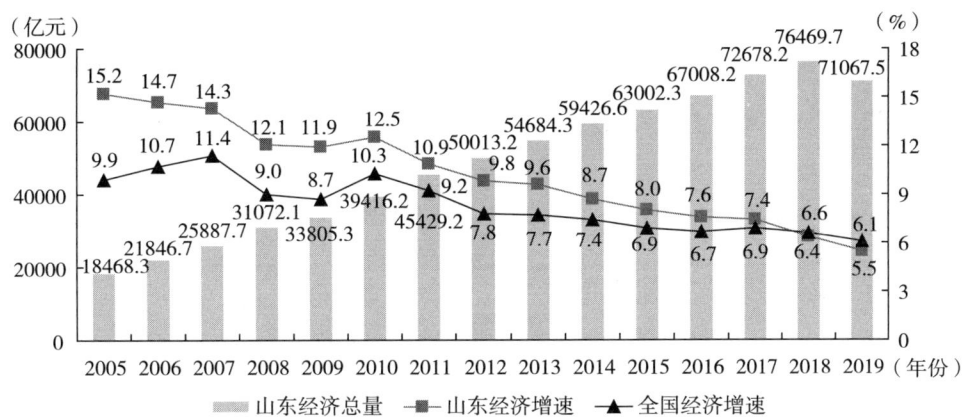

图 3.13 2005~2019 年山东省经济总量及其经济增速与全国经济增速

数据来源:《山东省统计年鉴》(2005~2019)。

表 3.32 2019 年山东省居民人均可支配收入及增长速度

指标	全省居民		城镇居民		农村居民	
	绝对量(元)	比上年增长(%)	绝对量(元)	比上年增长(%)	绝对量(元)	比上年增长(%)
人均可支配收入	31597	8.2	42329	7.0	17775	9.1
工资性收入	18111	7.7	26611	6.3	7165	9.4
经营净收入	6813	8.1	6046	8.3	7799	8.4
财产净收入	2212	8.2	3575	7.1	456	6.4
转移净收入	4461	10.2	6097	9.1	2355	10.8

数据来源:山东省国民经济和社会发展统计公报(2019 年)。

从表 3.32 可以看出,2019 年居民生活质量继续稳步提升,山东居民人均可支配收入达到了 31597 元,比上年增长 8.2%,但城乡居民的人均可支配收入绝对差距较大，不利于经济均衡发展，为此我们将对其进一步研究。

（二）山东省城乡居民收入差距分析

1. 城乡之间的基尼系数分析

从表3.33可以看出，综合采用差值法和不平等分项收入分解法计算出的山东省城乡居民的基尼系数在2013~2018年一直呈上升的趋势，且自2017年起一直高于0.3，这说明近些年山东省城乡居民收入差距问题亟待关注，城乡居民收入分配仍不够理想。多年来，城镇居民较农村居民享有更优越的社会福利，政府更注重城镇建设，城乡居民受教育程度也存在较大差距。

表3.33 2013~2018年可支配收入的基尼系数及各分项收入对全部收入基尼系数的贡献率

年份	2013	2014	2015	2016	2017	2018
基尼系数	0.2348	0.2498	0.2596	0.2791	0.3007	0.3233
工资性收入贡献率	0.8086	0.8087	0.8148	0.806	0.7977	0.7917
经营净收入贡献率	-0.0710	-0.0707	-0.0739	-0.0693	-0.0664	-0.0647
财产净收入贡献率	0.1197	0.1167	0.1167	0.12	0.1232	0.1265
转移净收入贡献率	0.1427	0.1454	0.1424	0.1432	0.1455	0.1466

数据来源：《山东省统计年鉴》（2014~2019）。

进一步观察各分项收入对全部收入基尼系数的贡献率，发现只有财产净收入的贡献率一直为正，且自2013年这六年来一直在增大，这可以初步说明财产性收入在拉大城乡收入差距方面的效率与众不同，值得被我们重点关注。

2. 城乡收入比分析

为了更直观地反映山东省城乡收入差距，我们首先计算了城乡居民各项收入比并做出了折线图。根据图3.14可知，观察城乡居民的可支配收入比发现，2013~2018年有略微下降趋势，但始终稳定在2.50左右。各分项收入中，城乡工资性收入比在3.82~4.16，高于可支配收入比，城乡经营净收入比低于总体比，六年来一直在0.7左右，城乡转移净收入比略高于总体收入比例，需要引起注意的是城乡财产净收入比，2013年山东省城镇居民财产净收入是农村居民的8.81倍，随后两年虽有所下降，但一直维持在7.5以上，2016年又开始呈现上升趋势，2018年达到了7.78，这说明山东省城乡居民财产净收入差距相当显著，这又进一步表明,财产性收入是农村居民收入的薄弱点。

图 3.14 2013～2018 年山东省城乡居民各项收入比

数据来源:《山东省统计年鉴》(2014～2019)。

3. 城乡之间的泰尔指数分析

我们计算用可支配收入衡量的城乡之间泰尔指数,结果如表 3.34 所示。

表 3.34 2013～2018 年用可支配收入衡量的城乡之间泰尔指数

年份	2013	2014	2015	2016	2017	2018
城乡之间泰尔指数	0.1051	0.1000	0.0973	0.0966	0.0957	0.0947

数据来源:《山东省统计年鉴》(2014～2019)。

由表 3.34 数据绘制折线图 3.15,可以看出,用可支配收入衡量的山东省城乡之间的泰尔指数在 2013～2016 年的下降幅度较 2016 年之后大一些,2013 年时城乡间泰尔指数为 0.1051,2016 年下降为 0.0966,下降了 0.0085。2016 年以后下降幅度减缓,2018 年下降为 0.0947,较 2016 年下降了 0.0019,仅为 2013～2016 年下降幅度的 1/4 左右,说明近几年城乡收入差距虽然缩小,但情况并不乐观,已有政策和措施的实施效果不理想,仍需要应对当前局势采取适当措施来缩小城乡之间的收入差距。

鉴于对山东省城乡之间基尼系数及城乡收入比的分析,进一步计算用财产净收入衡量的城乡之间泰尔指数,结果如图 3.16 所示。

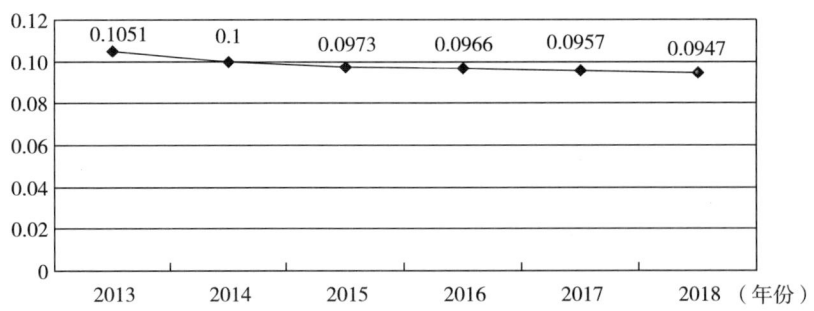

图 3.15　用可支配收入衡量的城乡之间泰尔指数

数据来源：《山东省统计年鉴》（2014～2019）。

从图 3.16 可以看出，用财产净收入衡量的城乡之间泰尔指数在 2013～2016 年的下降幅度较 2016 年之后大一些，2013 年时城乡间泰尔指数为 0.5368，2016 年下降为 0.4512，下降了 0.0856。2016 年以后下降幅度减缓，2018 年下降为 0.4486，较 2016 年下降了 0.0026，仅为 2013～2016 年下降幅度的 1/33 左右。对比图 3.15，可以发现用财产净收入衡量的泰尔指数与用可支配收入衡量的泰尔指数变动趋势基本一致，而且前者要比后者高很多，这进一步印证了财产净收入在扩大城乡收入差距中起着不容忽视的作用，亟待关注。

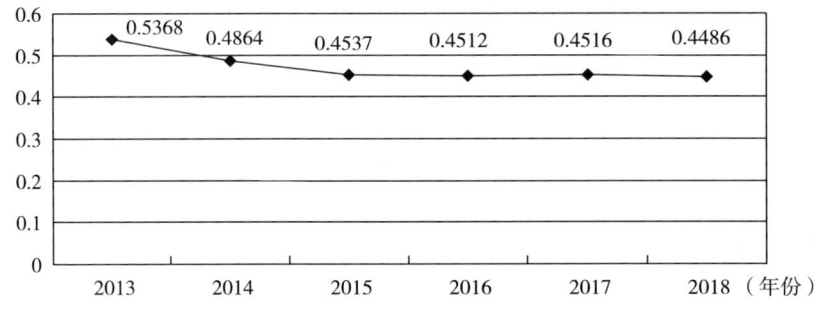

图 3.16　用财产净收入衡量的城乡之间泰尔指数

数据来源：《山东省统计年鉴》（2014～2019）。

经过上述三个指标，我们对山东省城乡收入差距进行了分析，发现财产净收入在扩大差距中所起的作用不容小觑，因此我们进一步分析财产净收入及其差距，这有利于我们对城乡收入差距的深层次研究，对提出缩小城乡收入差距的政策具有指导意义。

(三) 山东省城乡居民收入结构差异分析

按照收入来源划分，居民人均可支配收入有四个细分项，自2013年起，城乡住户调查一体化改革在全省内展开，对某些指标名称和口径范围做了调整，因此2013年前后部分数据有较大变化，本书选择了改革后的数据，便于更好地比较城乡收入结构和差距。

综合表3.35、图3.17和图3.18得出：第一，山东省城乡居民的可支配收入来源波动均不大。2013~2018年，山东省城乡居民人均可支配收入及其各分项收入都呈稳步增长态势，且各分项收入所占比重变动不大。第二，山东省城乡居民人均可支配收入各分项占比不同，结构差异大。城镇居民收入结构相对均衡而且比较稳定，自2013~2018年以来工资性收入占比稳定在63%~65%，其余三种收入占比相差不大，势均力敌，经营净收入、转移净收入占比均为13%左右，财产净收入一直稳定在8%左右；而农村居民可支配收入结构不太稳定，工资性收入独树一帜，占比较大且越来越大，在40%左右；经营净收入也占了较大比例，在45%左右，但在这六年间呈现出下降趋势。较城镇居民来说，农村居民的转移净收入占比偏低，约为12%，近几年有所上升，财产净收入占比最低，虽有上升趋势，但六年来占比未超过3%，是农村居民极为明显的短板，需要引起注意，因此，接下来我们将聚焦于财产性收入及其差距。

表3.35 2013~2018年城乡居民收入结构对比

指标		2013年	2014年	2015年	2016年	2017年	2018年
人均可支配收入	城镇（元）	26882.4	29221.9	31545.3	34012.1	36789	39549
	乡村（元）	10686.9	11882.3	12930.4	13954.1	15118	16297
工资性收入	城镇（元）	17426.8	18866.2	20386.1	21812.3	23431	25041
	占比（%）	64.83	64.56	64.62	64.13	63.69	63.31
	农村（元）	4189.2	4713.1	5139.5	5569.1	6069	6550
	占比（%）	39.2	39.67	39.75	39.91	40.14	40.19
经营净收入	城镇（元）	3652.8	4035.7	4375.2	4778.4	5194	5584
	占比（%）	13.59	13.81	13.87	14.05	14.12	14.12
	乡村（元）	4979.4	5431	5856.4	6266.6	6730	7194
	占比（%）	46.59	45.71	45.29	44.91	44.52	44.14

续表

	指标	2013 年	2014 年	2015 年	2016 年	2017 年	2018 年
财产净收入	城镇（元）	2136.9	2271.2	2475.5	2740.2	3034	3337
	占比（%）	7.95	7.77	7.85	8.06	8.25	8.44
	乡村（元）	242.4	287.2	326.3	358.7	391	429
	占比（%）	2.27	2.42	2.52	2.57	2.59	2.63
转移净收入	城镇（元）	3665.9	4048.9	4308.5	4681.2	5131	5588
	占比（%）	13.64	13.86	13.66	13.76	13.95	14.13
	乡村（元）	1275.8	1450.9	1608.1	1759.7	1928	2124
	占比（%）	11.94	12.21	12.44	12.61	12.75	13.04

注：占比为各分项收入在人均可支配收入中的占比。2016 年及之前的数据保留了一位小数，而 2016 年之后的数据没有保留小数，为了让数据更准确，全书数据均不做处理。

数据来源：《山东省统计年鉴》（2014～2019）。

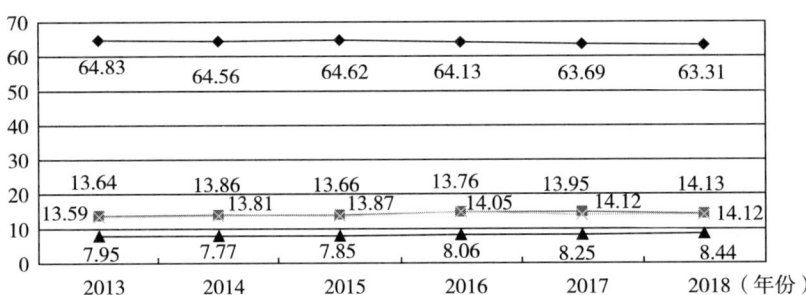

图 3.17　2013～2018 年城镇居民各分项收入占比

数据来源：《山东省统计年鉴》（2014～2019）。

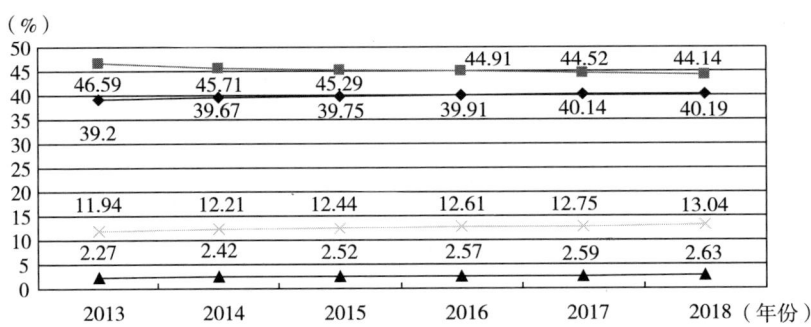

图 3.18　2013～2018 年农村居民各分项收入占比

数据来源：《山东省统计年鉴》（2014～2019）。

三、山东省城乡居民财产性收入及内部差距分析

(一) 财产性收入来源分析

通过之前对山东省城乡居民收入结构和差距的研究发现,无论是城镇还是乡村居民,他们的财产性收入在可支配收入中占比均有上升趋势,但农村居民基本持稳定状态,更引人注目的是,农村居民的财产性收入在可支配收入中占比很低,仅为城镇居民的1/3左右。城乡居民的可支配收入差距较大,最突出的是财产性收入差距,近几年又呈现出扩大的趋势,为了进一步深入分析山东省城乡收入差距,我们将着重分析财产性收入。

从表3.36可得知,"自有住房折算净租金"被剔除后,分析比较城乡居民的财产净收入构成,两者的共同之处在于,在2018年两者的各分项数值排名前三位中,均有"利息净收入"。但是,城镇居民的财产净收入第一大来源为"出租房屋净收入",占比将近50%,第二大收入来源是"红利收入",占比为23.71%,这两项就在城镇居民财产净收入中总共占了70%左右;农村居民的财产净收入第一大来源为"转让承包土地经营权租金净收入",占比为39.86%,第二大收入来源是"利息净收入",占比为19.58%,此两项仅占农村居民财产净收入的59.44%。对比分析可知,城镇居民的财产性收入来源集中一些,而农村居民的相对比较分散。

表3.36 2018年山东省城乡居民人均财产性收入构成

指标	城镇居民(元)	城镇居民各分项在财产净收入中占比(%)	城镇居民各分项在财产净收入中占比(剔除"自有住房折算净租金")(%)	农村居民(元)	农村居民各分项在财产净收入中占比(%)
财产净收入	3337	100.00	100.00	429	100.00
(一)利息净收入	180	5.39	16.87	84	19.58
(二)红利收入	253	7.58	23.71	53	12.35
(三)储蓄性保险净收益	12	0.36	1.12	10	2.33
(四)转让承包土地经营权租金净收入	38	1.14	3.56	171	39.86
(五)出租房屋净收入	525	15.73	49.20	29	6.76

续表

指标	城镇居民（元）	城镇居民各分项在财产净收入中占比（%）	城镇居民各分项在财产净收入中占比（剔除"自有住房折算净租金"）（%）	农村居民（元）	农村居民各分项在财产净收入中占比（%）
（六）出租其他资产净收入	27	0.81	2.53	5	1.17
（七）自有住房折算净租金	2270	68.03	—	—	0.00
（八）其他	32	0.96	3.00	78	18.18

数据来源：《山东省统计年鉴》（2014~2019）。

为了进一步探究山东省居民的财产性收入来源，我们通过时间序列数据，分别观察城镇和乡村居民 2013~2018 年的财产净收入各分项，重点观察各分项收入数值排名的前三名（按数值从大到小排），如表 3.37 和表 3.38 所示。

从表 3.37 可以看出，2013~2018 年利息净收入、红利收入和出租房屋净收入一直排在城镇居民财产净收入前三名，而且第一来源始终是出租房屋净收入，这说明城镇居民的财产性收入来源比较稳定，具备稳定的财产性收入增长机制。

表 3.37 2013~2018 年山东省城镇居民的财产性收入来源   单位：元/人

指标	2013 年	2014 年	2015 年	2016 年	2017 年	2018 年
（一）利息净收入	152.7	158.4	148.5	161.7	162	180
（二）红利收入	147.5	195.1	225.4	244.9	286	253
（三）储蓄性保险净收益	7.4	7.0	19.6	8.1	10	12
（四）转让承包土地经营权租金净收入	45.4	55.6	55.6	60.6	55	38
（五）出租房屋净收入	232.6	259.0	343.3	404.5	465	525
（六）出租其他资产净收入	27.6	14.3	16.5	21.5	24	27
（七）自有住房折算净租金	1491.4	1546.1	1619.6	1803.7	2004	2270
（八）其他	32.3	35.7	47.0	35.1	27	32

数据来源：《山东省统计年鉴》（2014~2019）。

从表 3.38 可以看出，2013~2018 年排在农村居民财产净收入前三名的不固定，每年都有所变动，财产性收入来源较城镇居民不够稳定，缺少稳定增长机制。

表 3.38　2013~2018 年山东省农村居民的财产性收入来源　　单位：元/人

指标	2013 年	2014 年	2015 年	2016 年	2017 年	2018 年
财产净收入	242.4	287.2	326.3	358.7	391	429
（一）利息净收入	63.2	71.3	65.3	74.4	67	84
（二）红利收入	17.0	19.4	39.7	39.6	26	53
（三）储蓄性保险净收益	4.2	2.0	3.7	2.2	8	10
（四）转让承包土地经营权租金净收入	80.3	153.7	154.7	170.2	163	171
（五）出租房屋净收入	12.5	21.7	25.3	36.2	50	29
（六）出租其他资产净收入	2.8	13.9	20.6	16.9	5	5
（七）自有住房折算净租金	—	—	—	—	—	—
（八）其他	62.5	5.3	17.1	19.3	72	78

数据来源：《山东省统计年鉴》（2014~2019）。

（二）城乡居民财产性收入差距分析

在上一部分，我们分析了财产性收入的来源，通过对比发现城乡居民的区别在于是否拥有稳定的财产性收入增长机制，从理论层面讲，这极有可能会导致城乡之间财产性收入的差距的形成，下面我们用真实数据和相应指标分析一下这个猜想，并进一步挖掘其原因。

表 3.39　2013~2018 年山东省城乡居民财产性收入对比

指标		2013 年	2014 年	2015 年	2016 年	2017 年	2018 年
城镇居民财产净收入（元/人）	含	2136.9	2271.2	2475.5	2740.2	3034	3337
	剔除	645.5	725.1	855.9	936.5	1030	1067
农村居民财产净收入（元/人）		242.4	287.2	326.3	358.7	391	429
城镇居民财产净收入增长率（%）	含	—	6.28	9.00	10.69	10.72	9.99
	剔除	—	12.33	18.04	9.42	9.98	3.59
农村居民财产净收入增长率（%）		—	18.48	13.61	9.93	9.00	9.72
城乡居民财产净收入之比	含	8.82	7.91	7.59	7.64	7.76	7.78
	剔除	2.66	2.52	2.62	2.61	2.63	2.49

注："含"代表含"自有住房折算净租金"；"剔除"代表剔除"自有住房折算净租金"。
数据来源：《山东省统计年鉴》（2014~2019）。

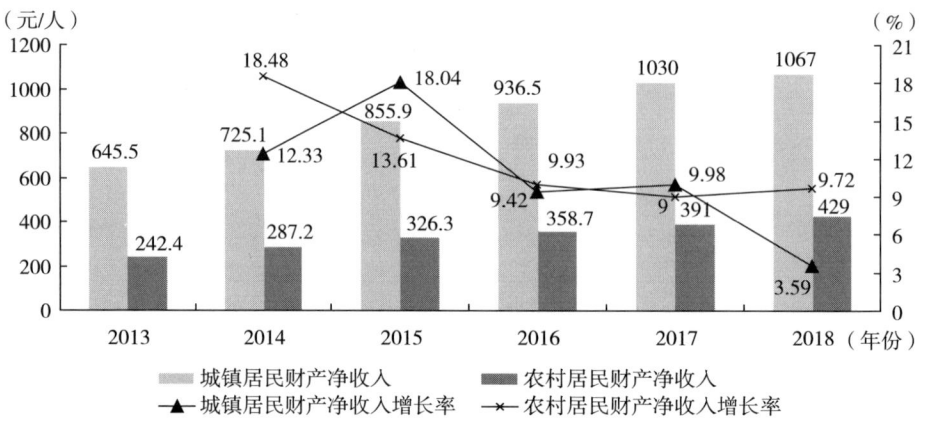

图 3.19　2013～2018 年山东省城乡居民财产性收入对比

数据来源：《山东省统计年鉴》(2014～2019)。

综合表 3.39 和图 3.19，山东省城乡居民的财产净收入额均在逐年增加，但城镇居民的财产净收入增长率波动比较大，总体有下降趋势，在 2018 年降到了 3.59%，农村居民财产净收入增长率虽然 2013～2017 年一直下降，但 2017 年之后有上升趋势，这对缩小城乡差距来说是个好现象。但是再观察两个柱状图的高度差可以看出，它有逐年扩大的趋势，这进一步说明城乡财产性收入差距仍很大。

为了更直观地反映数据，我们绘制了图 3.20，发现 2013～2017 年，城乡财产净收入差额在不断扩大，直到 2018 年与 2017 年基本持平，而且城乡财产净收入之比虽有所下降，但 2018 年仍达到 2.49。

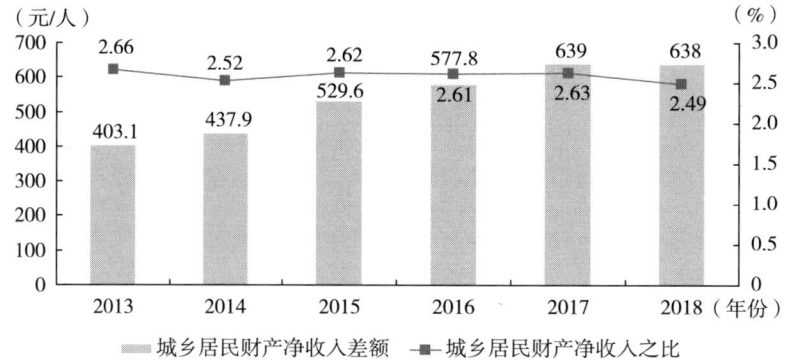

图 3.20　2013～2018 年城乡居民财产净收入之比及两者差额

数据来源：《山东省统计年鉴》(2014～2019)。

综合来看,虽然从财产净收入增长率来看,城乡财产性收入差距问题有所缓解,但是分析城乡居民的财产净收入差额及二者之比,城乡收入差距仍比较大,而且有扩大的趋势。财产性收入存在马太效应,我们的研究结果也印证了这一效应。这个效应也在警示着我们,财产性收入差距一旦产生,若不采取措施,其不良影响将会被不断扩大,为了更好地了解财产性收入差距,我们将分析各分项的不平等贡献率,以便提出更具体的建议措施。

四、城乡居民各项财产性收入的不平等贡献率

(一) 各项财产性收入对财产性收入差距不平等贡献率分析

1. 各项财产性收入对财产性收入差距的不平等贡献率

为了清楚地分析山东省城乡居民财产性收入不平等的来源,我们从收入来源视角分解财产性收入差距,表3.40给出了各分项财产性收入对城乡居民财产净收入差距的贡献率,计算公式为式(3.16):

$$各分项财产性收入对财产净收入差距的贡献率 = \frac{对应分项产生的收入差距}{财产净收入差距}$$

(3.16)

如表3.40所示,2013~2018年,"出租房屋净收入"对城乡财产性收入差距的贡献率一直居于首位,而且逐年增大,是该差距形成的首要因素,2018年对城乡财产性收入差距的贡献率77.86%;其次就是"红利收入",2018年时贡献率为31.40%。"利息净收入"对收入差距的贡献居于第三名,除去这三个因素,其他因素的贡献率相对来说则比较小,都在10%以下。最引人注目的是第(四)项"转让承包土地经营权租金净收入"和第(八)项"其他",前者对财产净收入差距的贡献率六年来一直是负值,这说明它会抑制城乡居民财产性收入差距的形成。后者对收入差距的贡献率有些年份为正,会推动收入差距的形成,有些年份为负,会抑制收入差距的形成,这可能是由于该分项涉及的范围广而杂,对我们的研究意义不大,因此我们不做深入分析。

表3.40 各分项财产性收入对城乡居民财产净收入差距的贡献率 单位:%

指标	2013年	2014年	2015年	2016年	2017年	2018年
财产净收入	100.00	100.00	100.00	100.00	100.00	100.00
(一) 利息净收入	22.21	19.89	15.71	15.11	14.89	15.07

续表

指标	2013年	2014年	2015年	2016年	2017年	2018年
（二）红利收入	32.38	40.13	35.07	35.54	40.75	31.40
（三）储蓄性保险净收益	0.79	1.14	3.00	1.02	0.31	0.31
（四）转让承包土地经营权租金净收入	-8.66	-22.41	-18.72	-18.98	-16.93	-20.88
（五）出租房屋净收入	54.62	54.20	60.06	63.76	65.05	77.86
（六）出租其他资产净收入	6.15	0.09	-0.77	0.80	2.98	3.45
（八）其他	-7.49	6.94	5.65	2.74	-7.05	-7.22

数据来源：《山东省统计年鉴》（2014~2019）。

2. 不同收入来源造成城乡财产性收入差距的原因

第一，"出租房屋净收入"是山东省城乡居民财产性收入差距的主要推动力量，2019年山东省农村居民人均现住房建筑面积为43.5平方米，高于城镇居民6.4平方米，但农村居民的"出租房屋净收入"却远低于城镇居民。目前的住房商品化可能是原因之一，这使得住房投资、投机行为日益增加。虽然目前我国对房地产行业采取了稳定房价的措施，房价有所稳定，但是对于大多数人来说仍很高，很多人都要面临无法一次性全额买房这个问题，越来越多的人只能租房子或用贷款购买房子，所以这些人的部分收入会流向拥有多余房产的人，进一步推动收入差距的扩大。除了这个原因，我国现行的土地制度也造成了一定程度的城乡居民"出租房屋财产性收入差距"，农村住房不具有商品房性质，不能自由买卖和出租，这使得农村居民的该项收入远低于城镇居民，自2015年初，在试点地区，我国修订并完善了集体经营性建设用地和宅基地制度，虽有一定的成效，但仍然没有激发出农村用地和住房的价值，它们为农村居民带来的财产性收入仍屈指可数，可以说是几乎处于一种"睡眠"状态。

第二，资本市场发展，居民投资理念转变，使得"红利收入"成为"财产性收入差距"的第二大推动力量。近年来，投资理财产品日益多样化，城镇居民投资渠道越来越广泛，投资行为越来越频繁，然而农村居民投资渠道相对匮乏，再加之投资动机不强，缺乏专业知识，只有少数农民接触投资，这使得城乡之间的"红利收入"绝对差额扩大。

第三，"利息收入"对财产性收入差距的推动也不容小觑。居民主要通过银行存款、国债等金融资产获取利息收入。为了方便计算，我们假设每年的人均储蓄增加额约等于人均可支配收入与人均消费额的差值。采用此方法，2019年，城镇人均储蓄增加额比农村多 10132 元,按大部分银行的一年的定期存款利率,即 1.95% 算,城镇居民多获得 197.574 元的利息收入。由此可见,在利息净收入的获取上,农村居民并不占优势。

(二) 财产性收入差距的不平等贡献率分析

我们笼统地分析了一下城乡居民的收入结构差异、可支配收入各项来源的城乡收入比发现,农村居民的财产性收入占比极低,六年来从未超过 3%,而且城乡财产性收入比最高,高出城乡可支配收入比的 2 倍左右,近几年呈现出上升趋势,这应该引起我们的关注,下面我们再着重分析一下财产性收入差距的不平等贡献率。首先,我们先观察一下城乡可支配收入差距与财产净收入差距近几年的变动趋势,如图 3.21 所示。

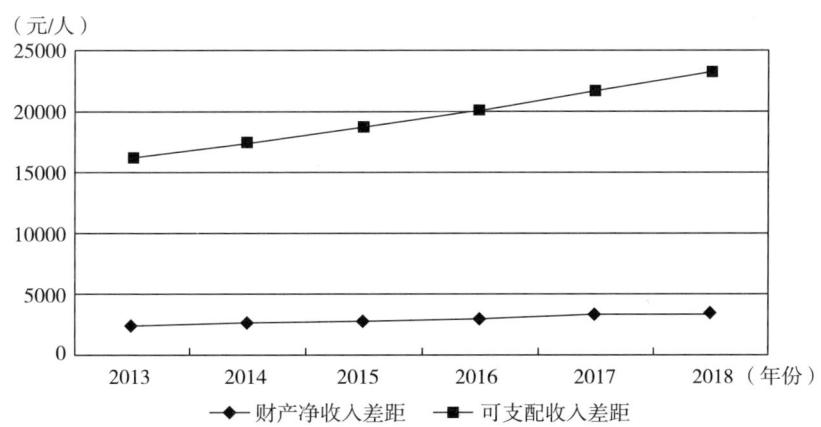

图 3.21 2013～2018 年城乡居民可支配收入差距与财产净收入差距

数据来源:《山东省统计年鉴》(2014～2019)。

通过图 3.21 可以看出,2013～2018 年城乡居民可支配收入差距与财产净收入差距均呈上升趋势,说明后者对前者有较大的作用力,为了更直观地展现,我们计算一下财产性收入差距的不平等贡献率,计算公式为式(3.17):

$$财产性收入的不平等贡献率 = \frac{城乡居民财产净收入差距}{城乡居民可支配收入差距} \quad (3.17)$$

计算结果如图 3.22 所示。

从图 3.22 可以看出,财产性收入差距对城乡收入差距的贡献率一直维持在 14% 左右,而且自 2015 年起有上升趋势,这也能进一步验证我们在第二章时提

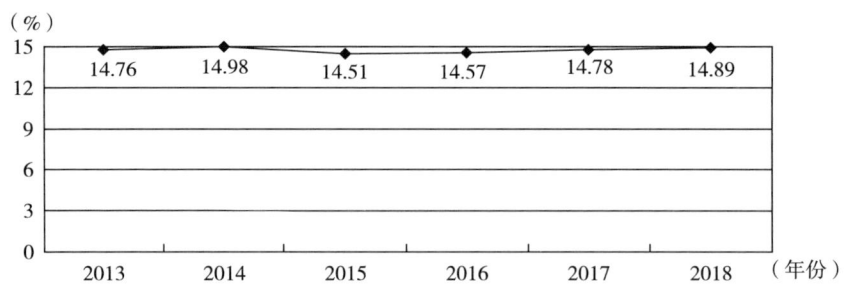

图 3.22 2013~2018 年财产性收入的不平等贡献率

数据来源：《山东省统计年鉴》(2014~2019)。

出的猜想，即财产净收入在扩大差距中一直发挥着不容小觑的作用，其差距的扩大是城乡收入差距扩大的主要根源之一，扮演着越来越重要的角色，虽然之前数据显示城乡居民近几年的财产净收入增长率相差不大，某些年份甚至农村超过了城镇，但是由于该项收入具有衍生性，加之城镇居民的该项收入基数大，目前财产性收入差距仍在不断扩大，这对减小城乡收入差距尤为不利。

第五节 本章小结

本章在对相关研究综述的基础上，首先基于 CFPS 微观调研数据，从财产总量、结构、整体分布差距及变动趋势、区域差异及变动趋势等角度分析我国财产差距及其变动趋势；其次分析了我国居民可支配收入和财产性收入分布及趋势，并对各收入分组居民的财产性收入等进行进一步分析；最后以山东省为例分析了财产性收入与城乡收入差距的关系，计算城乡居民财产性收入差异及各项财产性收入的不平等贡献率，从中发现缩小城乡收入差距的突破点。经过以上分析，主要得到如下结论：

（1）中国居民家庭净财产快速增长。经过数据分析可得，无论是全国居民还是城镇居民和农村居民家庭净财产都实现了快速增长。城镇居民家庭净财产绝对值明显超过农村居民家庭净财产，且差距在缓慢扩大。居民家庭净财产各分项财产也基本实现了增长，但是增长水平存在差异，其中净房产、金融资产、耐用消费品增长较快,而生产性固定资产相比之下增长较慢。

(2) 我国居民财产不平等较为明显,但是不平等扩展速度较为缓慢。从分组财产水平测度来看,中等收入群体财富占比较低,而最富裕人群占有了大多数的财富。对比 2010 年和 2018 年数据发现,2018 年最富 10% 人群财产占比由 58% 增加到 60%,50 分位数人群财产占比由 8% 下降至 6%,中等收入群体占比缩小,财产缓慢向最富人群集中。无论是全国居民、城镇居民还是农村居民,2010~2018 年间洛伦兹曲线都更加远离绝对平均水平,即趋向于更加不平等。但是这种趋势并不是非常明显,说明不平等程度发展速度较为缓慢。

(3) 财产结构基本稳定地集中于较为单一的房产,居民财产各分项占比变化不大。整体来看无论是城镇居民还是农村居民的家庭净财产都较为集中于单一的房产,且占比超过 70%,城市达到 80% 以上,居民财产中占比第二位的为金融资产,而生产性固定资产、耐用消费品、土地价值、非住房负债等占比非常小。

(4) 家庭财产中占比最大的净房产基尼系数较家庭财产基尼系数更加不平等,城镇居民和农村家庭净财产基尼系数较全国略低,这也说明城乡之间的差异对全国居民财产不平等有一定影响。经过剔除相关数据后计算发现,最富 10% 人群对家庭净财产不平等的影响程度较为显著,且最富人群中的财产较为集中于房产。

(5) 从财产的省级差异来看,位于东部地区的各个省份人均家庭净财产水平较高,排名位于中间偏上位置的省市与全国居民财产水平基本一致,排名最低的省份居民家庭财产水平仅相当于全国居民财产水平的 30%~35%。删除相关数据的计算结果说明,最高的 10% 和 20% 省份样本对省际财产不平等的影响程度较大。但是对省际不平等的影响程度在降低,省际之间的净房产和家庭财产的不平等程度也在降低。从各省份净房产占比来看,全国各省份净房产占家庭净财产比重均处于较高水平,绝大多数省份净房产占比都超过 70%,部分省市净房产占比超过 80%。

(6) 从净财产来看,东中西部绝对值都有大幅度的上升。从东中西部的差距来看,有逐渐缩小的趋势。从各分项财产占家庭净财产比例来看,其中 2010 年和 2018 年东部地区净房产占比明显高于中西部地区,东部地区与中西部地区净房产差距逐渐缩小。

(7) 我国居民人均可支配收入不断增加,其中工资性收入占比均超过 50%,

是居民可支配收入中的最重要来源，但工资性收入占比有逐年下降的趋势；财产性收入和转移性收入占比逐年上升，但是财产性收入占比基数最小，对居民可支配收入的影响并不大。城镇居民工资性收入占比超过60%，高于全国平均水平，财产性收入占比逐年增加并高于全国平均水平。农村居民工资性收入占比基本维持在40%左右，明显低于全国平均水平，经营性收入占比较高，明显高于全国平均水平和城镇居民平均水平。但是农村财产性收入占比基本维持不变，而且占比较低，明显低于城镇和全国水平。城镇居民财产性收入约为农村居民的4.5倍，农村居民的财产性收入处于较低的水平。从年均增长率来看，财产性收入和转移性收入的年均增长率较高，且农村的年均增长率要高于城镇。

（8）从微观数据检验结果来看，各收入组财产性收入差异较大，且各收入组财产性收入增长速度普遍较快，但是各组差距在逐渐缩小。另外，各收入组人均家庭纯收入都有了较大幅度的增长，且中低收入组家庭纯收入的增长速度高于较高收入组，各收入组之间的差距逐渐缩小。各收入组工资性收入差异较大，增长趋势与家庭纯收入的增长趋势基本一致，中低收入组家庭工资性收入增加速度也高于较高收入组。

（9）通过对各项收入对不平等的影响程度分析，我们得到结论，工资性收入起到了缩小收入差距的作用，而财产性收入对居民不平等的影响最大，当然，由于财产性收入基数较小，不足以影响居民收入差距的整体趋势。从财产性收入的发展趋势来看，财产性收入差距对居民不平等的贡献率在降低。

（10）财产性收入在扩大城乡收入差距中起着不容忽视的作用。虽然从财产净收入增长率来看，城乡财产性收入差距问题有所缓解，但是分析城镇居民农村居民的财产净收入差额及二者之比，城乡收入差距仍比较大，而且有扩大的趋势。从各项财产性收入对不平等贡献率来看，"出租房屋净收入"是山东省城乡居民财产性收入差距的主要推动力量；资本市场发展，居民投资理念转变，使得"红利收入"成为"财产性收入差距"的第二大推动力量；此外，"利息收入"对财产性收入差距的推动也不容小觑。

第四章 财产性收入差距的代际传递机制

我们对我国居民收入差距、差距测度、代际收入流动性的相关理论和研究现状进行了分析。财产及财产性收入问题是收入分配中的一个细分问题，本章主要通过梳理相关研究，厘清各因素如何影响财产及财产性收入代际传递过程，从逻辑上研究财产性收入的代际传递路径，形成财产性收入差距的代际传递机制，并通过初步数据验证相关关系，为下一步的实证研究奠定理论基础。

第一节 相关文献综述

一、人力资本因素

从人力资本角度研究代际收入流动性的经济学家以 Becker 和 Tomes（1979）为代表，收入水平会随着父母对子女的人力资本投资回报的增加而有所提升，可以用来进一步研究代际收入传递。Becker 等学者经过研究分析，构建了代际转移的基本理论框架，此后，更多的学者开始将人力资本运用到研究代际收入流动的过程中。国内学者陈琳（2011）、孙三百等（2012）在实践过程中发现中国在进行代际收入流动时，人力资本的影响至关重要。王宇（2016）还选择了可持续的收入代际传递机制分解方法对城镇代际收入传递机制进行分析发现，代际收入传递的重要因素就包括人力资本。

（一）受教育程度

在人力资本的各个方面中，受教育程度被国内外学者证实为相对重要的因素。谢勇（2006）认为，如今受教育程度是中国代际收入流动与收入差距之间潜藏的最关键因素。郭丛斌和闵维方（2009）从教育学的角度分析了中国构建科学的代际收入流动机制产生的巨大影响。Blanden 等（2007）把非认知能力以及认知能力等当做中间变量进行有关的研究，最终得知，在说明父辈收入与子辈收入关系时，受教育程度起到的作用超过30%。魏颖（2009）对子辈受教育年限进行了控制，从城镇父子角度出发进行了研究，受教育程度对收入水平的底端具有更大的作用。徐俊武和张月（2015）设计出了有关人力资本配置和代际流动的动态一般均衡模型，对收入差距、代际流动性还有产出之间的关系进行了分析，观察到经济水平越高，收入差距越小，越会增强代际流动性，而且教育在这一阶段起到很大的作用，受教育的人越来越多，收入差距会逐渐缩小，代际收入流动性也会提升。卢盛峰和潘星宇（2016）在评估居民受教育水平时参考了学校布局区位，认为同非学校布局区位相比，生活在学校布局区位的居民受教育水平更高，同时学校布局地区家庭的代际收入流动性也越强。杨娟和张绘（2015）分析了各个收入组的代际收入流动性布局和发展状况，提出收入差距还有代际收入流动性很容易受到义务教育水平的影响，高收入组和低收入组相比，代际收入流动性要低一点，父辈财富传递给高收入组的子女，收入水平也较高。亓寿伟（2016）专门研究了教育对代际收入传递的影响，接受高等教育者不太容易受到父辈收入的影响，收入更容易流动。

汪燕敏和金静（2013）经过研究分析，最终发现对于代际收入而言，教育传递的贡献率达到了0.081，与其他一些途径创造的效果相比，此数据明显较大。刘志国和范亚静（2014）对国内养老以及健康方面的数据资料进行了分析，观察到受教育程度对于中下收入水平的子女而言，能够推动他们的代际传递，并且对于收入水平比较高的家庭而言，优势更为明显。陈杰等（2016）进一步分析了代际收入弹性系数，提出农村代际收入很难持续性地流动，子代收入很容易受到父代收入的影响，不过如果相应增加子代受教育年限等方面的人力资本投资，可以促进农村居民代际收入的流通。

从城乡差异角度看，严斌剑和王琪瑶（2014）按照城乡的不同进行了相关研究，他们从整体收入出发进行了研究，子女的收入与自身受教育程度之间的关系愈加显著，受教育程度产生的影响不断提高，城镇子女受教育水平越高，其收入就会逐渐地提升，不会出现太大的差距，而对于农村子女而言却存在较大差异，1995年农村子女出现下降的趋势，但是由于这些年来受教育水平和影响程度越来越大，农村子女的收入也开始变得稳定。周兴和张鹏（2015）对国内城乡家庭进行了研究，分析了影响代际收入流动的主要因素，在各个要素当中，最为关键的就是子女的受教育程度，但是由于很多子女刚刚步入就业生涯，很多应届毕业生的学历并不高，大多数是高中，部分接受的是大学教育，这些子女相比具有一定工作经验的人群，工作经验十分缺乏，开始的工资并没有同龄人高，所以从这方面讲，教育程度并没有对代际收入向上流动起到太大的作用，然而随着工作经验的逐渐积累，工作年限的不断延长，代际收入流动受到教育的影响不断增强。徐舒和李江（2015）在研究过程中，选择通过分位数回归的方式进行分析，提出子辈获得收入的一种重要途径即为教育，同时需要制定相关的政策以及补助措施用于支持低收入家庭子女的教育，缓解低收入家庭的贫困状态，帮助低收入家庭代际间收入流动，合理分配社会资源。

徐俊武和张月（2015）在研究中观察到，对代际收入流动贡献最大的是大学教育，最小的是高中教育，初中排在第二位。林莞娟和张戈（2015）研究时发现，底层劳动者最容易受到基础教育的影响，如果投入大量的资金用于基础教育则能够推动代际收入的流动，也能够稳定社会秩序。王学龙和袁易明（2015）认为教育的影响至关重要，对于职业阶层而言，教育水平是最不容忽视的，教育不公平很容易影响代际收入的流动性，而且会对不同年龄群组产生很大的影响，特别是很容易降低"70后"代际流动性。

另外，父代的受教育程度对代际收入流动性也有一定的影响。林南和边燕杰（2002）提出要是在基础性回归方程中添加父辈的受教育年限和教育质量等变量，能够反映出大量的与代际收入之间的联系。郭丛斌和闵维方（2007）提出受教育程度对于代际收入流动起到了至关重要的作用，构建二元logistic回归模型，确定将包括父辈收入和父辈的受教育程度在内的家庭背景因素当作解释变量，发现随着子辈受教育年限的不断增加，子辈进入最高收入组群的可能性也会有所提升，同时，也证明了子辈教育对代际收入流动的影响程度又会因城乡差异而有所区别。胥艳花（2016）研究时提出父代人力资本的不同会影响子代不同水平的收入，父代的人力资本投入程度又直接受到子代人力资本回报的控制，会对子代的收入水平造成影响。杨亚平和施正政（2016）参考2010年CFPS的父子收入匹配后的样本资料认为，父亲永久收入的工具变量主要包括父亲教育年限和职业等级等诸多要素,对父代收入和人力资本对代际收入传递的重要影响进行了研究。赵白歌(2017)提出对于父辈收入传递子辈收入而言,教育因素往往在其中起不到多大的复制作用,父辈收入很有可能直接决定了子辈收入,然而相比农村而言,城镇居民的代际收入流动受教育的影响程度大出很多,父亲收入最容易影响女儿的人力资本投资,而父辈收入更容易让儿子直接继承获得。

(二)健康状况

健康因素在近几年也成为研究人力资本对代际收入流动性影响的一个重要方面。姚先国和赵丽秋(2006)计算了影响中国代际收入流动性的因素,例如教育、健康和职业的贡献。赵丽秋(2007)再次将健康作为衡量代际收入流动的主要因素,把代际收入间的流动分成教育、健康和社会资本三条路径,并利用模型估计出各个路径的贡献率。李勇辉和李小琴(2016)认为人力资本投资不仅会提升迁移群体的代际收入流动性,也会提升未迁移群体的代际收入流动性,能够对未迁移群体的子代收入起到积极作用的是性别、家庭人口数量、健康状况、城乡差距还有父亲政治面貌等相关因素。

二、家庭财产

陈琳和袁志刚(2012)证明人力资本、社会资本和财富资本可以解释中国代际收入传递的60%以上。陈敏(2015)提出,如果市场环境不够完善,那么家庭条件会严重制约父代对子代的人力资本投资,但如果在此期间,家庭财富呈现增加趋势,那么父母就会增加对子女的人力资本投资,继而会影响子代工资水平,与此同时,如果家庭财富始终呈上升趋势,那么父母会有意希望子女减少劳动时间,继而产生降低子代劳动收入的结果,所以从这一角度来看,生活在家庭比较富裕的子女会得到家庭较多的人力资本投资,使他们以更有效率的方式增加自身收入。方静(2016)认为能够对代际收入传递产生影响的主要因素有三个,包括就业、财富继承以及教育程度因素。隆兴荣(2016)运用回归分析法,分别考察了影响子代收入的主要因素,包括人力资本投资、家庭财富分解变量和家庭总财富变量,经过分析与验证发现,上述影响因素与子代收入呈现明显正相关关系。

郭汝元(2016)主要针对中老年家庭展开调查和相关研究,通过研究与分析,描述了当前社会家庭养老的现状及问题,并尝试从中挖掘这部分家庭父辈与子女间的财富交流动机,并进一步探索子女、父母特征变量以及其与物品、经济交流之间的密切关系,继而得出可以影响中老年父母代际财富转移的影响因素,找出之间的关联度和影响程度。袁磊（2016）提出，环境惯性、财富转移以及人力资本投资这三个方面是代际收入的传递路径，另外，在这三个路径中，人力资本投资又包括公共和家庭人力资本投资这两方面，而环境惯性则又包括权利、职业、人脉等方面。隆兴荣（2016）还对各类家庭财务对子代收入影响进行了研究。彭蕊（2016）从不同角度分析了城乡代际收入传递路径，经过实证分析，结果显示影响城乡代际收入传递路径的主要因素就是家庭财富资本，家庭财富资本的影响大于其他因素，其他影响因素按照影响大小依次分为人力资本、家庭规模以及社会资本因素。

刘建和等（2016）对代际收入弹性进行测算，主要借助的调查数据分别是CHIP和CGSS，通过相关测算与分析，结果显示，家庭房地产价格作为家庭财富也会影响代际收入传递，同时还指出了社会资本、金融性资产以及人力资本这三个影响因素对代际收入流动影响程度的差异性。徐佳等（2016）及魏先华等（2014）主要对家庭金融资产配置展开相关研究与论证。

Wolff（2016）分析了近现代美国家庭财富变化，其从1962年开始调查取样，最终数据样本的研究结果显示，中产阶级在经历经济危机以后，家庭财富出现显著变化。刘盼盼（2016）经过研究得出，子辈收入主要受到父母三个方面的影响，包括遗产、社会地位和父辈收入水平。谢绵陛（2017）认为工作年龄家庭和退休年龄家庭在家庭财富上存在明显差异，不仅家庭成员的学历因素是所有影响因素中对代际转移影响最为显著的，对两组家庭都呈现正向影响，而且家庭财富明显倾向于帮助年轻家庭购房，对代际转移的影响显著。

三、社会资本

Atkinson（1983）认为，社会资本是代际收入传递的主要途径。边燕杰（2004）的研究发现，如果相应地提升一个标准分的社会资本，就会增加8%的个人收入以及15%的家庭收入。由于经济地位决定了社会地位，要想确保自己家庭的社会地位，积累更多的财富，父辈几乎所有的社会资本都会直接传递给子代。方鸣和应瑞瑶（2010）首先估算了城乡居民代际收入流动性，提出我国通常通过两代人之间的职业还有教育水平来推动居民代际收入的传递。陈琳和袁志刚（2012）全方位研究了我国代际收入流动的内在传递机制，针对人力资本、财富资本还有社会资本给代际收入传递带来的贡献率进行计算，调查结果显示人力资本、财富资本还有社会资本给中国代际收入传递提供了超过60%的贡献率。

（一）户籍

陈钊等（2009）提出，对于劳动者而言，能够使他们进入高收入行业的主要影响因素是户籍、社会地位以及政治面貌等。黄林峰（2013）进一步将城市收入流动与农村收入流动之间的差异进行对比，结果显示，城市与农村之间产生的代际差距呈现明显的阶层固化状态。

近年来，一些学者对代际收入流动性中城乡差异进行了研究。杨穗和李实（2016）通过实证检验法，分别挑选了1995年、2002年、2007年、2009年以及2013年这五个年份的样本，将家庭收入、人口结构和省份特征等因素对收入流动的影响进行研究，研究结果表明个体所拥有的户籍差异对收入流动具有影响。孙涛（2016）针对农村不同收入群体展开相关研究与分析，深入研究不同收入群体的代际收入流动性，并探究其中存在的差异性，最终得出结论：农村的父代职业类型以及文化程度会直接影响子代的收入。蒋兴凡（2016）将城镇居民的收入水平进行分层，然后通过研究发现，高分位点上的父代政治面貌和学历对子代收入影响更直接和深远。刘欢（2017）认为不仅家庭经济情况、父母健康情况以及受教育水平和社会网络等因素会影响子代收入，家庭收入以及子代收入也会因户口迁移在无形中影响子辈收入，并且逐渐呈正向显著的趋势，在此基础上，还提出，减弱代际收入传递的重要因素是户口迁移因素以及各因素与户口迁移交互项，包括教育、健康以及社会网络等。

（二）父辈收入

Peters（1992）认为家庭背景可以直接影响代际收入流动性，将家庭背景引入到代际收入流动模型之后，模型具有良好的回归拟合优度。Dan和Fredrik（2007）及Antoni和Mattew（2005）经过数据对比发现，如果父辈为高收入群体，那么今后其子女也会受到积极的直接影响，但如果父代收入较低，那么其社会关系网也以低收入个体为主，而子代在未来的收入水平也偏低。郭丛斌和闵维方（2009）通过研究提出，共有四个测量变量影响家庭背景，第一个变量为父辈政治面貌，第二个变量为父辈所属行业，第三个变量为父辈收入，第四个变量为父辈职业。另外，从不同维度看，子辈的社会地位指标，包括职业、收入、政治面貌以及所处行业这四个方面，经过数据分析发现，家庭背景对子辈社会地位有着直接的影响。胡永远（2011）提出父代收入主要依靠三个渠道影响子代收入，除了父母个性特征和对子代人力资本投资之外，还有家庭文化资本。吕炜等（2016）提出社会经济条件、人力资本、先天优势还有后天培育的区别共同决定着代际收入流动生成机制。杨新铭和邓曲恒（2016）对 Blanden 等（2007）提出的代际收入弹性分解方法有进一步研究，参考了 2008 年天津市城镇住户的数据资料作为研究父辈收入对子辈收入的传播渠道，认为父辈收入在影响子辈收入时，受到了行业以及职业种类的影响。

（三）父辈政治身份

Liu（2003）认为个人政治身份与其自身收入之间呈现正相关关系。从代际流动性研究角度出发，杨瑞龙等（2010）基于 CGSS（2005）数据，对父辈的党员身份进行了研究，观察到父辈党员身份很容易影响子女收入。他们提出政治身份是个人能力水平和权利的体现，父辈将这种能力传递给子辈可以增加子代收入，但是党员身份没有起到特别显著的作用。何石军和黄桂田（2013）认为劳动力市场会出现行政特权效应，特别是在家庭代际传递过程中表现突出，这会造成市场不协调，代际收入无法流通，必须进行合理约束。

（四）父辈职业

陆艺（2004）提出，环境惯性最强的阶层为优势阶层和中下阶层，如技术人员、社会管理者等，而且这部分从业者曾经出现典型代际继承性的特点。Gong（2012）对收入在代际流动的渠道进行了研究，研究表明，我国城镇居民父辈职业类型通常很容易影响子辈。李力行和周广肃（2014）采用实证研究的方法展开相关研究，提出学历层次和政治地位较高的父辈会借助于自身职业和地位的优势帮助子代，使得子代职业等级和地位与父代持平，并且呈趋同现象，且这一现象在近 20 年来逐渐凸显。

除职业地位之外，职业和行业类型也影响代际收入流动性。严斌剑和王琪瑶（2014）通过统计 1998～2007 年的数据，分析调查样本，然后比较父代与子代在从事行业和收入等方面的异同，最终得出结论：一方面，代际收入弹性系数最小的是父代从事第三产业的样本，而弹性最大的则是父代在第二产业的样本；另一方面，由于我国受到传统文化及观念的影响，"子承父业"现象十分普遍且根深蒂固，很多家庭都出现子代从事父代职业，在这种背景下，父代职业也会直接影响子代收入水平。周兴和张鹏（2015）提出城镇家庭子女有着明显向父辈职业"回归"的倾向，不仅如此，家庭成员的社会关系和社会地位也会在子女职业生涯的中后期有着积极的影响。王磊（2016）主要研究了体制内父辈与子辈的代际收入关系，经过分析与研究，最后得出结论，当子女职业与父辈职业类型相同，或者处在同级别单位时，此时子女在职场中的机会更多，而且相比于没有这样背景的人员有着明显优势,并将这种现象称之为"代际再生产"。

第二节 财产性收入差距代际传递机制分析

经过第一节对收入的代际传递路径的研究综述发现,收入流动性影响因素主要集中于人力资本、社会资本等角度。财产以及财产性收入作为居民收入的重要组成部分,同样通过人力资本和社会资本等载体进行代际传递,本节对财产性收入差距的代际传递机制基于以上基本要素进行扩展分析。非物质财富的代际传递是指父代对子代在人力资本、社会关系、健康、智商、性格和习惯等方面的影响,这种传递方式会通过影响子代个体特征变量间接作用于子代家庭财产因素(邸玉娜,2014)。子代家庭财产的积累会受到父代财产持有水平的影响,其中主要包含两种影响方式,一是子代人力资本的间接代际传递,人力资本的代际传递是指上一代在教育、知识以及技能等方面对下一代的影响,父代家庭财产持有水平会影响子代人力资本投资,而子代人力资本情况又会对子代收入产生影响,进而会改变子代家庭的总财产水平,然后通过消费和储蓄决策作用于子代家庭财产;二是父代资源禀赋的直接代际传递,也就是家庭财富的直接代际传递,是指父代持有的货币资本和财富会影响子代收入或财产水平,如父代会通过遗赠的方式将财产直接传递给子代。

本节对财产性收入代际传递机制的分析主要依托子代人力资本及其收入效应和子代家庭资本的积累及其财富效应两条路径(见图4.1)。首先分析父代财产性收入是如何通过人力资本相关因素实现收入差距的代际传递的,其次分析家庭资源禀赋因素是如何实现收入差距的代际传递的。基于以上两条基本路径逻辑分析相关因素的具体影响,并进行相关验证。我们对前述使用的CFPS数据进行子代和父代配对,得到2014年有效配对的831对样本(具体数据配对等处理见第三节变量相关关系研究),在相关因素的影响中初步进行数据验证。

一、人力资本代际传递及其收入效应路径相关因素作用机制

收入是决定财产的重要因素,居民初始收入来源的差别进一步反映在子代的收入和财产关系上,形成子代财产分布的新差距。人力资本投资对子代收入及财

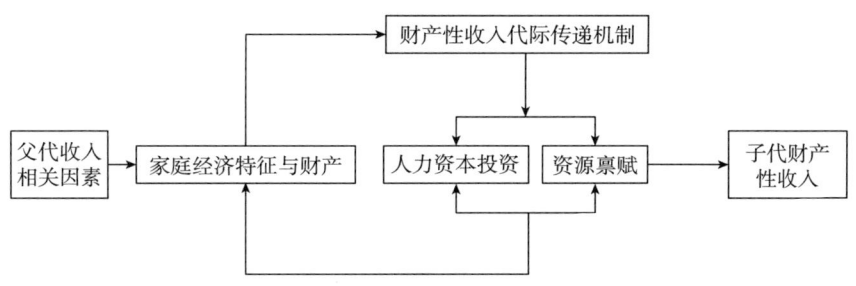

图 4.1　财产性收入代际传递机制

产性收入的影响不是直接的，这种代际传递是通过人力资本对收入、财产及财产性收入几个因素的间接影响而形成的。本书认为人力资本投资对财产性收入差距有显著影响。人力资本投资的主要阶段不是成年时期而是未成年时期，因此人力资本投资主体不是子代而是父代。那么在人力资本的间接作用关系中，能够对子代人力资本产生影响的各种因素是我们必须要分析其作用关系的因素。影响子代人力资本投资的各种因素主要涉及父辈个体特征、家庭收入水平、父辈社会资本等因素。这些因素直接影响其对子代的人力资本投资，间接影响子代家庭经济特征，从而影响财产及财产性收入差距。

（一）父代家庭收入

在代际传递的各因素中家庭收入是最重要的影响因素之一。首先，父代家庭收入水平越高，子代的生存环境及人力资本投资基础越好。经过综述我们也发现，实证研究结果也表明父代家庭收入水平越高，父代更倾向于增加子代的人力资本投资，而父代家庭收入水平越低，在子代人力资本投资上的开支越小，也就是说不同水平父代家庭收入对子代人力资本的影响程度不同。父代家庭收入水平带来的子代人力资本差距又是形成子代收入差距的重要因素（Mincer, 1958），子代的收入是形成子代财产水平的基本约束条件。也就是说父代家庭收入通过人力资本为中间变量影响子代收入进而影响子代财产水平，父代家庭收入水平在财产水平的代际传递中起到了正向作用。为了证实这样的逻辑，我们根据中国统计年鉴公布的数据，计算了 2012 年不同收入组家庭文教支出占家庭总消费支出的比例（见图 4.2），由不同收入组文教支出占比可知，随着收入水平的提高，家庭的文教支出占比逐渐提高，文教支出侧面反映了父代对子代的人力资本投资情况。

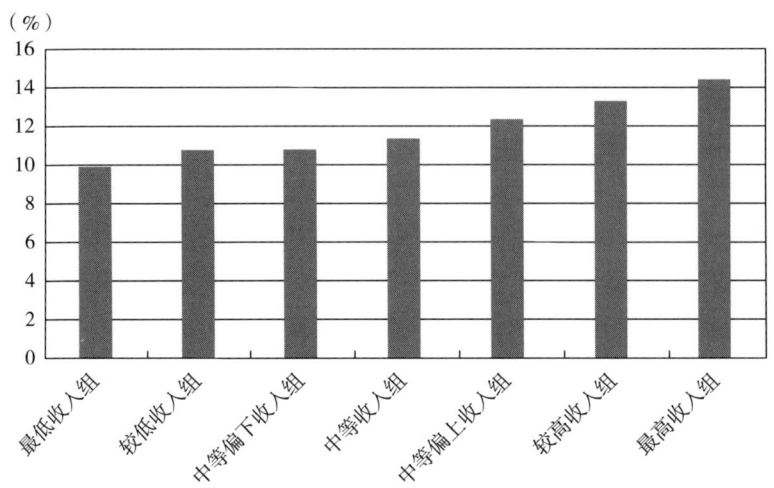

图 4.2　2012 年不同收入水平居民文教投入占比

注：2012 年之后国家统计局不再公布分组数据。

数据来源：《中国统计年鉴》。

另外父代对子代的影响还会通过社会网络进行代际传递（Dan，2007），父代家庭收入水平较高会为子代营造良好的社会环境和人际关系，更容易接触高收入群体，进入高收入行业；相反，低收入家庭子女的社会关系网络水平较低。

综上所述，在不考虑父代家庭收入的"遗赠动机"情况下，父代家庭收入水平可能会通过人力资本影响子代家庭收入，也会通过社会资本影响子代家庭收入，即父代家庭收入在代际收入传递中起正向作用。父代家庭总收入越高，父亲收入水平对子辈的影响就越大，收入差距在代际间的传递就越明显，那么由收入决定的子代家庭财产及财产性收入水平差异就越大。

（二）父代受教育程度

教育作为最重要的人力资本投资方式，能够进一步影响收入，且教育收益会随着年龄的增加而逐渐增加，在整个生命周期呈倒"U"型影响。父代对子代的影响作用中，教育投资是重要方式之一，父代对子代教育投资及产生的人力资本对收入的溢出效应使得子代获得收益。是否进行人力资本投资取决于该项人力资本投资的内部报酬率，即投资净现值为 0 时的收益率 r。如果个体直接进入劳动力市场获得的收益比进行人力资本投资之后在未来获得的收益贴现值大，那么进行该项投资就不值得，即该项投资的内部报酬率低于市场利率，人力资本投资无意义,而内部报酬率大于市场利率则应该选择进行人力资本投资。因此可以说父代是否对子代进行教育投资关键在于该项投资的内部报酬率是否高于市场利率。父代受教育水平越高越能准确做出是否进行子代教育投资的判定。因为父代受教育程度越高,对于教育投资的回报率、成本、收入预期等判断更准确,也会对教育投资回报有更高的预期,从意识上也会认同教育投入的回报率会远大于市场利率,而受教育程度较低的家庭受到收入约束和意识约束,会更看重当期收入的增加,对子代即期收入更重视。

我们从理论上绘制不同教育投资回报率预期带来的收入的差异图(见图4.3)。图中父代 a 比父代 b 受教育程度低,r 代表终生收益贴现率预期,受教育程度更高的父代 b 对教育投资带来的终生收益贴现率预期更高,那么父代 a 对子代的教育投资会更少,那么 a、b 间教育投资积累会产生差异。从图4.3(b)中我们可以推导出,受教育程度越高收入水平越高,即带来的子代家庭收入差距($y_2 > y_1$)越大。即父代受教育程度会在代际传递中产生正向影响,进而影响子代的财产性收入,父亲受教育年限越长,子代收入及财产性收入受到父代影响就越大。

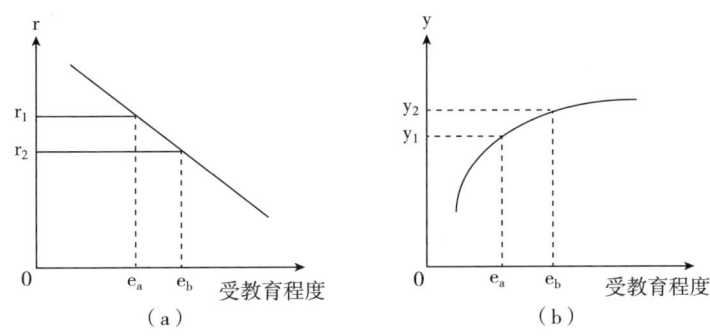

图 4.3 教育投资回报率预期差异带来的收入水平差异

(三)父代户籍

户籍差异体现的是城乡分割问题,这是我国经济发展过程中的特殊现象。在就业市场中,城乡户籍对劳动者的影响较为突出。首先,户籍代表了父代的出身差别,农村户籍往往代表了低受教育程度、低技能水平等背景,因此在就业过程中更容易因户籍受到歧视,不仅影响工资水平,而且对就业机会也会产生影响。

其次，农村户籍的父代由于收入水平限制、职业限制、受教育程度限制、地区限制等，其对子代教育投资、教育资源方面都会受到影响。比如，农村劳动力转移到城市之后，子代受教育受到限制。城乡公共教育资源分配差异会使得因户籍带来的子代教育差异更加明显，进而影响代际收入差距。因户籍差异带来的代际差异也会因为子代教育投资等平滑来弥补，即如果农村户籍父代会更期望通过改变子代教育水平来改变子代收入阶层，户籍对收入代际传递的影响就会减小。所以我们认为户籍差异会对收入代际传递产生影响，进而影响子代的财产差距及财产性收入差异，且我们认为城镇居民财产的代际收入传递性会高于农村居民。

（四）父代健康状况

健康状况与受教育程度一样也是人力资本的重要代表因素。健康程度对劳动生产率有直接的影响，进而间接影响个体的工资水平（Haddad & Bouis, 1991; Foster & Rosenzweig, 1994）。另外，医疗卫生支出是家庭重要的消费支出，影响家庭整体消费水平。健康状况与家庭医疗卫生支出呈负相关关系，即个体健康水平越好，医疗支出相对会较小，且个体的劳动生产率越高，工资水平越高，家庭收入和家庭生活质量越高。父代健康状况直接影响父代收入，间接影响子代收入水平。如果父代健康状况较差，自身工作效率低，收入水平低，同时又需要大量的医疗支出，难以为子代教育投资提供经济环境和社会基础（Mayer, 2002），还会因为医疗支出需要子代反向收入支持。因此，我们认为父代的健康人力资本会对代际收入传递产生正向影响作用。也就是说，父代健康状况越好，父代收入越容易对子代收入产生积极影响，进一步会影响子代财产差距及财产性收入差距，当然这种作用是间接的，需要进一步验证。另外，该影响路径还要区分不同家庭收入禀赋，也就是说不同收入水平的父代家庭，健康因素对代际收入传递的影响可能会不同。因为对富裕家庭，无论父代健康状况如何，自身基本能够承担和应对，需要子代收入支持压力较小，而相对贫困家庭低健康状况会恶化收入状况，且需要子代收入支持，影响子代收入流动，但是子代也会因为医疗支出预期较高而努力改变现状，提高子代收入水平进而增加代际收入流动性。

（五）父代婚姻状况

父代婚姻状况是衡量家庭稳定的重要指标，也是体现家庭文化资本的重要因素，而家庭文化资本在代际收入流动性中的作用已有学者研究证实（Bourdieu, 1986）。父代婚姻状况较为稳定，家庭关系较为和谐，因此能够为子代营造良好的成长和生活氛围，更容易帮助子代形成积极的心态。而这种积极向上的心态个性能够使其在就业中获得优势。社会学和心理学研究表明，积极向上的个体形成的"激励加强型"特征，更容易获得熊彼特式的"非均衡租金"，减少科斯所说的不完全市场中的交易成本，更容易获得就业岗位，实现收入。家庭关系越和谐，代际收入传递越顺畅，父代婚姻越稳定、越持久，会越有助于父代收入向子代收入的传递，增强父代收入对子代收入的影响。也就是说父代婚姻稳定性能够对代际收入传递产生积极的影响作用，进而影响子代财产差距和财产性收入差距。

（六）父代职业状况

职业状况除了直接体现父代收入状况，还能够体现个体的社会威望和经济地位。父代的职业稳定性、职业收入水平、职业层级等会形成父代的社会关系网络、父代的社会地位和经济地位。Blau 和 Duncan（1967）研究结果表明职业也存在代际传递效应，父代与子代存在职业间的代际影响和依赖。子代对父代职业的代际依赖会直接影响子代的就业选择，父代职业等级和稳定性往往与子代职业层级和稳定性有高度相关性。父代职业不稳定难以为子代提供良好的社会关系，也会影响子代的择业观念。子代职业的层级水平会直接影响子代收入，进而影响子代财产性收入及差距。子代与父代职业的黏性关系，使子代收入流动性受到父代影响，带来收入阶层和社会阶层的固化。不同收入水平家庭这种职业代际黏性不同。富裕家庭，父代职业对子代职业选择的约束更小，父代的社会关系等会对子代社会关系产生影响，为子代积累高层次社会关系，产生收入效应。而相对贫困家庭希望通过人力资本投资改变子代职业层级，实现子代职业流动，进而改变子代收入层级。

二、家庭财产代际转移其财富效应路径相关因素的作用机制

受惠于中国经济改革发展红利的父代已经积累了大量的财产，子代全部或者部分继承父代积累的家庭资本，财富从父代向子代转移成为必然。能够获得家庭财富代际转移的群体更多的是高收入组群体，通过家庭财富的转移，这部分群体轻易地可以占有高额财富，而财富"富者愈富"的马太效应可能使得收入流动性固化。随着资本市场的继续发展和繁荣，更会有利于这部分财富所有者。因此，家庭财富的代际转移，对子代居民财产初始禀赋水平的形成有着至关重要的作用，进而影响子代内部财产及财产性收入差距。

父代家庭财产对子代家庭财产的影响也有直接传递和间接影响两条路径。首

先，父代家庭财产水平越高，就越容易为子代营造良好的社会资本环境，在子代的人力资本投资中的经济约束也越小，综合作用下子代收入越高，家庭财产积累越容易。其次，父代家庭财产可以通过遗赠直接转移给子代，从劳动经济学上来说，有父代财产遗赠的子代相当于获得了不同程度的非劳动收入。

我们利用预算线和无差异曲线的方式分析父代家庭财产水平与子代收入差距之间的关系（见图4.4）。横轴 OH 表示闲暇时间，纵轴表示工资或收入水平，$U_1 U_2$ 表示无差异曲线，如果子代能够获得 T 的父代家庭财产遗赠，那么相当于子代的预算线从 AB 线平移为 CD 线，假定子代偏好不变，那么效用最大化的均衡点就会由 E_1 变为 E_2，即子代的整体效用增加，且收入水平提高。从代际传递效应来说，家庭财产对子代收入起到了积极的影响作用，进而对子代家庭财产积累产生影响。

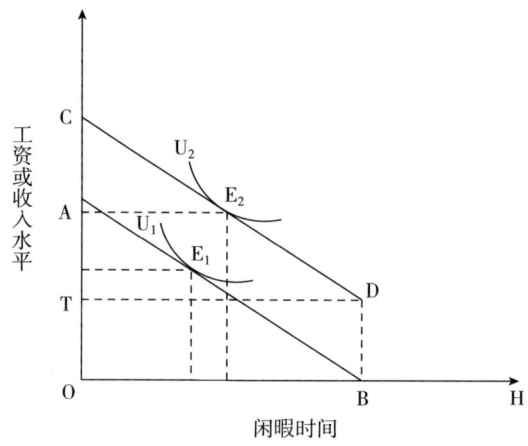

图 4.4　父代家庭财产水平与子代收入差距

当然我们在以上分析中未充分考虑不同子代的异质性问题。子代有可能因为获得父代财产遗赠之后减少劳动时间，也有可能选择继续努力工作。我们将子代总结为工作热爱型和工作厌恶型两类。工作热爱型无差异曲线更为平坦，工作厌恶型的无差异曲线更加陡峭，也就是在图4.5（a）中 E_2' 体现的是更加喜欢闲暇厌恶工作的子代类型，当其获得父代赠与家庭财产即获得非劳动收入时，会对其收入产生反向作用，这个类型的子代会选择增加闲暇时间，这会在一定程度上减少收入，最终会缩小代际间的收入差距和财产差距。

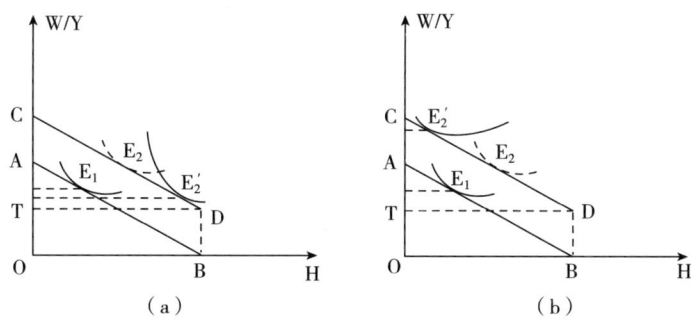

图 4.5 不同子代类型与父代家庭财产的效应差异

从间接影响路径来看,父代家庭财产水平越高,能够为子代营造更好的教育投资环境,对子代的经济约束较小,更容易将子代培养为工作热爱型人才。高水平的家庭财产也有利于子代形成未来的财产投资意识,富裕家庭的父代可能具有相对更强的未来意识,时间贴现率更低,效率意识更强(Kohn,1969)。在图 4.5(b)中 E_2' 体现的是工作热爱型子代的无差异曲线,这种情况下子代并没有因为获得非劳动收入而增加闲暇减少劳动时间,父代家庭财产并没有减少子代收入水平,反而正向激励了子代更加努力地实现价值,代际间收入流动性会增强。

根据第三章我们对家庭财产的划分,我们具体分析住房财产、金融资产、经营性资产和土地资产的具体作用。

住房财产是我国家庭财产占比最大的一类财产,住房财产水平的高低不仅代表了家庭财产水平,也代表了家庭生活的状态和家庭负担水平。如果父代住房财产水平较高,更容易通过遗赠转移给子代,且父代能够因此带来高水平的租金收入,父代生活水平更高,对子女的压力更小,所以住房财产在代际收入传递中会对子代收入起到正向作用,而如果父代住房财富不是通过借贷实现,给子代带来非劳动所得会更高,代际收入差距可能会因住房财产的影响而扩大。

金融资产属于高风险的家庭财产构成,高风险伴随着高收益率,选择进行金融投资的父代往往是风险偏好者,在市场不稳定的情况下金融资产能够通过遗赠转移给子代的可能要比住房财产小,且子代容易受父代投资行为和投资意识的影响,子代也会更加倾向风险偏好。那么金融资产在代际传递中有可能起到正向作用。

经营性资产是家庭收入的来源之一,经营资产水平高代表父代职业稳定性偏低，那么经营性资产可能会为子代创造更高水平的经济约束，也有可能因为经营追加影响子代人力资本投资。其代际传递影响可能为正，也可能为负。

土地资产是农村居民重要的财产构成。但是农村土地资产增值跟城市房产增值速度是不能相提并论的，那么土地及其带来的收入对农村子代来说在代际传递中起到的作用也值得探讨。

第三节　财产性收入代际传递影响因素相关关系检验

一、数据来源

本节研究继续使用北京大学中国社会科学调查中心进行的中国家庭追踪调查（CFPS）。CFPS调查问卷共有社区问卷、家庭问卷、成人问卷和少儿问卷四种问卷类型，故其数据库依据调查问卷共有少儿数据库、成人数据库、家庭关系数据库、家庭经济数据库以及村居库五个数据库，由于本研究的研究对象主要涉及劳动年龄人口，故本研究主要使用了成人库、家庭经济数据库及村居库这三个数据库。

在进行具体的数据处理时，首先，为了便于进行年度比较，各个数据库中选取了两个数据库共有的有用变量；其次，分年度根据数据库中的家庭编码和社区编码，将三个数据库中同一个个体的个人信息，家庭信息以及社区信息合并到一个文件；再次，根据父亲在调查中的个人编码和母亲在调查中的个人编码进行父代与子代的数据样本配对，进行代际连接；最后，根据研究需要，删除了部分极端异常值，以及其他所需变量中的空白项及无效数据，删除了子代年龄小于18周岁的数据，最终获得有效配对样本。2012年和2016年配对样本较少，2018年未公布完整数据，本书使用样本为2010年890对、2014年831对。

为了准确地验证财产性收入代际传递各因素的影响以及对构建计量模型进行实证检验，本节利用CFPS2014年有效配对的831对样本进行初步的相关关系检验。

二、描述性统计

我们对本节相关因素进行描述性统计，主要包括均值、标准差、方差、最大值、最小值、中位数、众数等内容。我们对户籍、性别、婚姻状态、健康状况、职业等个体特征因素做了一定的处理。其中，城镇户籍定义为1，农村户籍定义为0；男性为1，女性为0；婚姻状况1为未婚、2为在婚、3为同居、4为离婚、5为丧偶；健康状况中1为健康、2为一般、3为比较不健康、4为不健康、5为非常不健康；职业状态1为非常稳定型职业、2为较稳定型职业、3为一般稳定型职业、4为较不稳定型职业、5为非常不稳定型职业。

父代与子代的年龄、性别、城乡户籍状况、婚姻状况、健康状况、职业状况的样本占比如表4.1所示。

表4.1 各影响因素分类占比

影响因素	分类	占比
子代性别	女	0.3261
	男	0.6739
子代户籍	农村	0.3526
	城镇	0.6474
子代婚姻状况	未婚	0.4224
	在婚	0.5535
	同居	0.0084
	离婚	0.0144
	丧偶	0.0012
子代健康状况	健康	0.2551
	一般	0.2768
	比较不健康	0.3706
	不健康	0.0746
	非常不健康	0.0229
子代职业状况	非常稳定型职业	0.0036
	较稳定型职业	0.0554
	一般稳定型职业	0.9230
	较不稳定型职业	0.0096
	非常不稳定型职业	0.0084

续表

影响因素	分类	占比
父代户籍	农村	0.4260
	城镇	0.5740
父代婚姻状况	未婚	0.0012
	在婚	0.9940
	同居	0.0012
	离婚	0.0036
	丧偶	0.0000
父代健康状况	健康	0.1276
	一般	0.2046
	比较不健康	0.4212
	不健康	0.1552
	非常不健康	0.0915
父代职业状况	非常稳定型职业	0.0205
	较稳定型职业	0.0325
	一般稳定型职业	0.9362
	较不稳定型职业	0.0012
	非常不稳定型职业	0.0096

从描述性统计结果来看（见表4.2），子代年龄平均值为27岁，父代年龄平均值为54岁，子代个人总收入均值为33220元，父代收入为90505元，父代收入是子代收入的近3倍。且子代年龄的中位数、众数与均值一致，说明样本子代年龄因素基本呈正态分布。父代年龄的中位数、众数与均值也一致，说明样本父代年龄因素也呈正态分布。子代的收入均值与中位数、众数差别不大，但是其偏度明显大于0，有一定的右偏倾向，父代收入均值与中位数、众数差异也较大，方差、标准差较大，偏度明显大于0，也说明父代分布具有一定的不稳定性。同样的父代的家庭总财产、住房财产、金融资产、经营性财产、土地财产等都与父代收入有相同的分布状况，数据有较明显的不稳定性。这说明收入类数据代内和代际差异明显。子代受教育年限均值为11年，而父代受教育年限均值为8年，子代受教育年限均值明显高于父代，也侧面说明父代对子代教育投入比自身要多。

第四章 财产性收入差距的代际传递机制

表 4.2 相关因素描述性统计

变量名	平均	标准误差	中位数	众数	标准差	方差	峰度	偏度	最小值	最大值
个人总收入	33220	908	30000	30000	26164	684528785	18	3	1000	301000
子代受教育年限	11	0	12	9	4	13	0	0	0	19
子代城乡分类	1	0	1	1	0	0	−2	−1	0	1
子代性别	1	0	1	1	0	0	−1	−1	0	1
子代年龄	27	0	27	27	6	34	1	1	18	51
子代婚姻状态	2	0	2	2	1	0	3	1	1	5
子代健康状况	2	0	2	3	1	1	0	0	1	5
子代职业五大类	3	0	3	3	0	0	18	0	1	5
父亲收入	90505	4545	68840	20000	131023	17167124245	113	10	334	1909200
父亲受教育年限	8	0	9	9	4	18	0	0	0	16
父亲城乡分类	1	0	1	1	0	0	−2	0	0	1
父亲年龄	54	0	52	52	7	49	0	0	38	78
父亲婚姻状态	2	0	2	2	0	0	209	13	1	4
父亲健康状况	3	0	3	3	1	1	0	0	1	5
父亲职业五大类	3	0	3	3	0	0	19	−2	1	5
父亲总资产	651411	38433	315625	300000	1107915	1227476652061	37	5	5	12250000
父亲住房资产	563295	34414	250000	200000	992052	984167178189	36	5	0	11950000
父亲金融资产	70368	7474	15000	0	215440	46414296811	134	10	0	3500000
父亲经营资产	1	0	0	0	5	22	152	11	0	80
父亲土地资产	17747	1329	2813	0	38317	1468198669	45	6	0	468750

· 113 ·

三、各因素相关关系分析

（一）子代收入与子代个体特征相关关系

由子代收入对数与子代个体特征的相关系数矩阵可知（见表4.3），子代受教育程度与子代收入有显著的正相关关系；子代的户籍分类、年龄有显著正相关关系；另外，子代收入与子代的婚姻、健康、职业状况都呈显著相关。因为这些变量为分类变量，其作用方向有待实证检验。这说明子代个体特征因素与子代收入的相关关系明显，具体作用需进一步实证检验。

表4.3　子代收入对数与子代个体特征相关系数矩阵

变量相关系数	子代收入对数	子代受教育程度	子代户籍	子代性别	子代年龄	子代婚姻	子代健康	子代职业
子代收入对数	1							
子代受教育程度	0.092***	1						
子代户籍	0.068**	0.219***	1					
子代性别	0.183***	−0.178***	−0.078**	1				
子代年龄	0.274***	−0.072**	0.045	0.168	1			
子代婚姻	0.145***	−0.179***	−0.008	0.093	0.533	1		
子代健康	0.024	0.023	0.062*	−0.065	0.165	0.156	1	
子代职业	−0.079**	−0.077**	−0.035	−0.029	−0.078	−0.033	0.011	1

注：*表示 P<0.1；**表示 P<0.05；***表示 P<0.01。

（二）子代收入与父代个体特征相关关系

由子代收入对数与父代个体特征的相关系数矩阵可知（见表4.4），父代受教育程度与子代收入有显著的正相关关系；父代的户籍分类、年龄与子代收入有显著正相关关系；另外，子代收入与父代职业呈显著负相关关系，与父代的婚姻、健康相关关系不显著。因为这些变量为分类变量，其作用方向有待实证检验。这说明父代个体特征因素与子代收入的相关关系明显，具体作用需进一步实证检验。

通过我们对父代和子代样本户籍情况统计来看（见表4.5），父代农村户籍占比约42.6%，而子代农村户籍样本占比下降至35.3%，下降7.3%，也就是大约7.3%的子代实现了从农村户籍到城镇户籍的转变。

表4.4 子代收入对数与父代特征相关系数矩阵

变量相关系数	子代收入对数	父代受教育程度	父代户籍	父代年龄	父代婚姻	父代健康	父代职业
子代收入对数	1						
父代受教育程度	0.0381*	1					
父代户籍	0.0471	0.1378***	1				
父代年龄	0.2416***	-0.0847**	0.0389	1			
父代婚姻	-0.002	0.0325	0.0292	-0.0116	1		
父代健康	-0.0175	-0.0679	0.0418	0.1411	-0.0107	1	
父代职业	-0.0909***	-0.1392***	-0.0485	-0.0104	0.0076	-0.029	1

注：*表示 P<0.1；**表示 P<0.05；***表示 P<0.01。

表4.5 父代和子代样本户籍情况

影响因素	分类	占比
子代户籍	农村	0.3526
	城镇	0.6474
父代户籍	农村	0.4260
	城镇	0.5740

我们绘制了父代健康状况与子代和父代收入水平的关系图，通过趋势图（见图4.6）我们可以看到父代的健康状况与父代收入水平基本上呈现正相关关系，也就是说父代健康状况越好自身收入水平越高，但是子代收入水平与父代健康的相关性没有父代收入与其健康状况的相关度高，且虽然整体趋势一致，但是有了一定程度的改变，表明子代可能会通过其他路径改变父代健康情况对自身收入的影响。

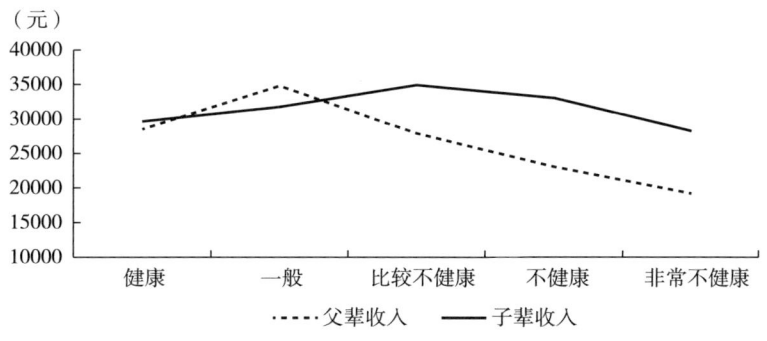

图4.6 父代健康水平与子代收入状况关系

我们利用2014年CFPS 831对配对样本，计算了子代和父代职业的转置矩阵以验证逻辑推理结论，其中子代和父代职业由1到5分别代表从非常稳定型职业到非常不稳定型职业的程度区别。其中由1至5分别表示安全型、管理型、技术型、创造型和自由独立型，职业的稳定性依次减弱，安全型为非常稳定型的职业，自由独立型为非常不稳定型的职业。

由父代与子代职业转置矩阵（见表4.6）可知：当父代处于稳定性较强的安全型职业时，其子代职业代际转换的各种可能分别为，12%的概率转换为管理型，88%的概率转换为技术型职业，整体来说代际职业都维持在较为稳定的范围内。当父代职业为管理型时，其子代职业代际转换的可能分别为11.1%的概率留在原职业类型，81.5%的概率转换为技术型职业，7.4%的可能转换为最不稳定的自由独立型职业。这样的实证结果表明，父代为管理型职业时，子代较大可能转变为技术型职业，也有一定的可能激励子代根据自身优势发展自由职业。而当父代为中间稳定水平的技术型职业时，绝大多数子代职业仍然为父代职业阶层，仅有极少数可能转变为其他类型职业。且转变为更为稳定的职业概率约为5.5%，也就是说子代更倾向于选择稳定性较强的职业类型。而当父代职业较为不稳定时，子代职业更倾向于转为相对稳定的技术类职业。整体来看，职业的代际黏性很强，也能侧面证明父代职业对子代收入的影响。

表4.6 2014年父代与子代职业转置矩阵

父代位置	子代位置				
	安全型	管理型	技术型	创造型	自由独立型
安全型	0.000	0.118	0.882	0.000	0.000
管理型	0.000	0.111	0.815	0.000	0.074
技术型	0.004	0.051	0.929	0.010	0.006
创造型	0.000	0.000	1.000	0.000	0.000
自由独立型	0.000	0.000	1.000	0.000	0.000

（三）子代收入与父代家庭财产相关关系

由子代收入对数与父代家庭财产对数相关系数矩阵可知（见表4.7），父代收入与子代收入有显著的正相关关系；父代家庭净财产水平与子代收入有显著正相关关系；其中，父代住房财产水平、父代金融资产水平与子代收入有显著正相关关系；另外，子代收入与父代金融资产成负相关但相关关系不显著；子代收入与父代土地资产呈显著负相关关系。这说明父代家庭收入及财产因素与子代收入的相关关系明显，具体作用需进一步实证检验。

表4.7 子代收入对数与父代家庭财产对数相关系数矩阵

变量相关系数	子代收入	父代收入	父代家庭净财产	父代住房财产	父代金融资产	父代经营性资产	父代土地资产
子代收入	1						
父代收入	0.2496***	1					
父代家庭净财产	0.2087***	0.2844***	1				
父代住房财产	0.0796**	0.0952***	0.7652	1			
父代金融资产	0.1128***	0.2203***	0.2263	0.0083	1		
父代经营性资产	-0.011	0.1363***	0.1121	0.074	0.0968	1	
父代土地资产	-0.131***	-0.1704***	-0.187	-0.0596	-0.1529	-0.0482	1

注：*表示 P<0.1；**表示 P<0.05；***表示 P<0.01。

（四）子代受教育程度与父代个体特征相关关系

由子代受教育程度与父代个体特征相关关系矩阵（见表4.8）可知，子代受教育程度与父代受教育程度有显著正相关关系；子代受教育程度与父代户籍状况

表4.8 子代受教育程度与父代个体特征相关关系矩阵

变量相关系数	子代受教育程度	父代受教育程度	父代户籍	父代年龄	父代婚姻状况	父代健康	父代职业
子代受教育程度	1						
父代受教育程度	0.3156***	1					
父代户籍	0.1926***	0.1378	1				
父代年龄	-0.0472	-0.0847	0.0389	1			
父代婚姻状况	0.0349	0.0325	0.0292	-0.0116	1		
父代健康	0.0117	-0.0679	0.0418	0.1411	-0.0107	1	
父代职业	-0.061*	-0.1392	-0.0485	-0.0104	0.0076	-0.029	1

注：*表示 P<0.1；**表示 P<0.05；***表示 P<0.01。

有显著正相关关系,与父代职业有显著负相关关系;另外,子代受教育程度与父代年龄、婚姻、健康的相关关系不显著。这说明父代个体特征因素与子代受教育程度的相关关系明显,具体作用需进一步实证检验。

(五) 子代受教育程度与父代家庭财产相关系数

表4.9 子代受教育程度与父代收入家庭财产相关关系矩阵

变量相关系数	子代受教育程度	父代收入对数	父代家庭净财产	父代住房财产	父代金融财产	父代经营性资产	父代土地资产
子代受教育程度	1						
父代收入对数	0.1965***	1					
父代家庭净财产	0.2118***	0.2844***	1				
父代住房财产	0.1223***	0.0952***	0.7652	1			
父代金融财产	0.1582***	0.2203***	0.2263	0.0083	1		
父代经营性资产	0.0439	0.1363***	0.1121	0.074	0.0968	1	
父代土地资产	−0.3246***	−0.1704***	−0.187	−0.0596	−0.1529	−0.0482	1

注:* 表示 P<0.1;** 表示 P<0.05;*** 表示 P<0.01。

由子代受教育程度与父代收入及家庭财产相关关系矩阵(见表4.9)可知,父代收入与子代受教育程度有显著的正相关关系;父代家庭财产水平与子代受教育程度有显著正相关关系;其中,父代住房财产水平、父代金融资产水平与子代受教育程度有显著正相关关系;父代土地资产与子代受教育程度有显著负相关关系;另外,父代经营性资产与子代受教育程度相关关系不显著;这说明父代家庭收入及财产因素与子代人力资本投资相关关系明显,具体作用需进一步实证检验。

我们将2014年CFPS数据中父代收入由低到高等分为五组,把父代各等分组收入与子代受教育程度分别作为横轴和纵轴作父代收入与子代受教育程度的关系图(见图4.7)。具体来看,中等收入水平比中等偏下收入水平的人力资本投资有了略微降低,这可能是由于中等偏下收入组父辈对通过人力资本投资改变子代收入水平的动机比中等收入组更强,且其经济能力比最低收入组强导致的。整体来看子代的受教育程度与父代收入等级呈现正相关关系,与相关系数矩阵得到的结论一致,即父代收入越高,子代的人力资本水平越高。父代收入水平越高,就越有经济能力为子代提供教育支出,而父代收入水平低则会因经济约束限制子代教育投资支出，进而影响子代人力资本水平。这样的结论也验证了我们之前分析的人力资本投资在代际传递中的作用。

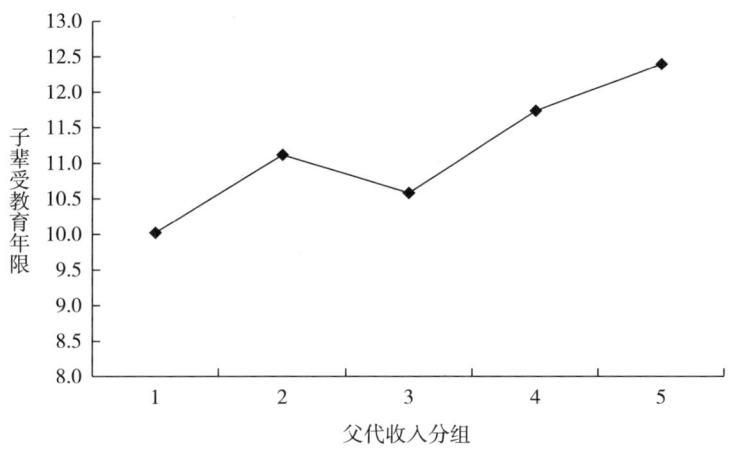

图 4.7　父代收入与子代受教育程度的关系

第四节　本章小结

本章基于收入差距及代际收入流动理论，具体分析财产性收入差距的影响因素和代际传递机制。本章共分四节内容：第一节，相关文献综述。综述了与代际收入流动相关的各种因素以及这些因素可能在财产及财产性收入代际传递中的作用。第二节，财产性收入差距代际传递机制分析。基于研究综述具体分析影响财产性收入差距代际传递各种因素如何作用，从逻辑上研究形成财产性收入的代际传递路径，厘清各因素如何影响代际传递过程，为第五章的实证研究过程提供理论基础。第三节，财产性收入代际传递影响因素相关关系检验。利用相关数据对各影响因素间的相关关系进行的描述性统计，初步验证这些因素对代际收入流动性的影响，为之后计量模型构建提供基础。第四节，本章小结。经过研究，主要得到以下结论：

财产性收入代际传递机制的分析主要依托子代人力资本及其收入效应和子代

家庭资本的积累及其财富效应两条路径。子代家庭财产的积累会受到父代财产持有水平的影响，其中主要包含两种影响方式：一是子代人力资本的间接代际传递，人力资本的代际传递是指上一代在教育、知识以及技能等方面对下一代的影响，父代金融资产持有水平会影响子代人力资本投资，而子代人力资本情况又会对子代收入产生影响，进而会改变子代家庭的总财产水平，然后通过消费和储蓄决策作用于子代家庭财产；二是父代资源禀赋的直接代际传递，也就是家庭财富的代际传递，是指父代持有的货币资本和财富会影响子代收入或财产水平，如父代会通过遗赠的方式将财产直接传递给子代。具体来看，子代个体特征因素、父代个体特征因素、父代收入因素、父代家庭财产因素等因素可进一步进行实证检验，分析各因素在财产性收入代际传递中的作用。

第五章　财产性收入差距代际传递影响机制的实证研究

本书第四章分析了财产性收入差距代际传递影响机制,主要是对影响财产性收入代际传递的一些因素进行综述、逻辑分析,目的在于从理论上分析财产性收入代际传递机制。经过理论分析我们认为,子代家庭财产的积累会受到父代财产持有水平的影响,其中主要包含两种影响方式:一是子代人力资本的间接代际传递,人力资本的代际传递是指上一代在教育、知识以及技能等方面对下一代的影响,父代金融资产持有水平会影响子代人力资本投资,而子代人力资本情况又会对子代收入产生影响,进而会改变子代家庭的总财产水平,然后通过消费和储蓄决策作用于子代家庭财产;二是父代资源禀赋的直接代际传递,也就是家庭财富的代际传递,是指父代持有的货币资本和财富会影响子代收入或财产水平,如父代会通过遗赠的方式将货币资本和财产直接传递给子代。本章构建了家庭财产代际传递的实证研究模型,以考察各个因素具体是如何影响代际财产的传递过程。

本章分为五节内容,第一节为家庭财产的代际收入传递影响实证研究,我们利用传统代际收入弹性模型分析家庭财产的代际收入传递影响;第二节为基于 Bewley 模型的家庭财产代际传递机制实证研究,主要分析家庭财产的代际传递机制及人力资本的中介效应;第三节为城乡居民家庭财产代际传递机制差异分析,进行城乡样本分析,对比城乡父代家庭财产及人力资本的代际收入流动性影响和差别;第四节为基于代际财产差距的家庭财产代际传递实证研究,构建父子代际财产差距比值,分析父代家庭财产和各分项财产对父子代际财产差距的影响;第五节为本章小结。

第一节 家庭财产的代际收入传递影响实证研究

一、模型及变量

(一) 理论模型

对于代际收入传递的研究主要包括代际收入传递程度和代际收入传递的影响机制两个方面的研究,学术界对代际收入弹性的实证研究最初是 Atkinson (1981) 提出的最基础的对数收入回归模型。该模型通过对收入进行对数化处理并进行回归,接着根据工具变量法(IV)与普通最小二乘法(OLS)来对代际收入弹性值进行测算。后来绝大部分的模型推导主要基于 Becker 和 Tomes (1979) 的代际收入传递基础模型。Becker 和 Tomes (1979) 以家庭经济学和人力资本投资理论为框架,开创性地构建了代际收入流动性的经济学理论模型,此后各国学者运用不同的数据库对这一模型进行了广泛的实证分析。目前已有的计算代际收入弹性的研究大多始于下述的经典回归模型。

$$\ln(Y_1) = \alpha + \beta\ln(Y_0) + \varepsilon \tag{5.1}$$

在式(5.1)中,Y_1 为子代收入,Y_0 为父辈收入,即被解释变量为子代收入的对数,解释变量为父辈收入的对数,α 是常数项,ε 是残差项。β 为代际收入弹性系数(Intergenerational income elasticity,IGE),是经济学衡量代际收入流动性的主要指标。系数 $\beta = 0$,表示下一代的收入与上一代没有联系,代际收入完全流动;$\beta = 1$ 则表示下一代的收入完全由上代决定,代际收入完全没有流动。β 可以是负的,弹性为负表示子代收入随着父辈收入的变动向相反的方向流动。若系数 $\beta > 1$,则表明父辈的收入优势在子女身上被放大,这也意味着代际间收入的不平等性在增加。获得代际收入弹性的主要方法是最小二乘法(OLS),在 $\text{cov}(y_0, \varepsilon) = 0$ 的假设下,其 OLS 估计值如式(5.2)所示:

$$\beta = \text{cov}(y_0 \cdot y_1)/\text{var}(y_0) \tag{5.2}$$

条件代际收入弹性值通常用来测算代际收入传递的解释力。即为在简单代际收入传递模型基础之上加入相应变量进行回归来得到条件代际收入弹性值。再与简单代际收入传递模型中所得的代际收入弹性值对比,定量分析两者数值差异,从而得到加入的相应变量对代际收入传递的解释力。

本章在第四章财产性收入差距代际传递机制的理论分析基础上，将通过该方法定量分析家庭财产对我国居民代际收入传递差异的影响，具体模型由基础模型变化而来：

$$Ln(Y_1) = \alpha + \beta ln(Y_0) + aZt + bFt + \varepsilon \tag{5.3}$$

其中，Y_1为子代收入，Y_0为父辈收入，即被解释变量为子代收入的对数，解释变量为父辈收入的对数，α是常数项，ε是残差项。Zt表示父代个体特征，Ft表示父代特征变量，本章对父代特征、家庭财产等变量分步加入。b为父代特征对子代收入的回报系数。算出的条件代际收入系数。另外，再通过加入家庭财产变量后测算得到的条件代际收入系数相较原有代际收入弹性系数的变化率，即可得到家庭财产对代际收入传递的解释力。最后，再分别计算家庭住房资产、金融资产等对子代收入的回报率系数的变化率。

（二）数据来源及变量说明

本节沿用第四章CFPS数据库相关数据。根据研究需要，删除了部分极端异常值，以及其他所需变量中的空白项及无效数据，最终获得有效配对样本。学者隆兴荣（2016）认为，年龄在18~30周岁之间的子代即使对家庭财富有一定贡献，贡献比例也较少。而本节在选取样本的过程中删除掉了年龄在18周岁以下的个体，2012年和2016年配对样本较少，2018年未公布完整数据，因此本节使用样本为2010年890对，2014年831对。

本节研究对象则是具体到家庭中的父代和子代，涉及的变量（见表5.1）主要有父代家庭财产及财产各分项、父代收入情况、父代个体特征（如父代受教育程度，户籍、健康、婚姻等）、子代个体特征（如性别、年龄、教育年限、户籍等），以及子代个人收入。由于CFPS中只有以整个家庭为单位的财产数据，因此，本书参考隆兴荣（2016）选取变量的方法，将家庭财产数据作为父代家庭财产数据。

二、实证结果分析

（一）基于子代和父代个体差异的代际收入流动性影响分析

1. 多重共线性检验

多重共线性是指回归模型中的解释变量之间存在高度相关关系时，会使得回归模型产生估计不准确的问题。多重共线性通常用方差膨胀因子VIF来衡量，若

表 5.1 相关变量及说明

变量类型		变量代码	变量内容
被解释变量	子代收入	lnincome	子代收入对数
解释变量	父代家庭总收入	lnfhin	父亲家庭总收入对数
	子代个体特征因素	eduy	子代受教育程度
		age	子代年龄
		gender	子代性别
		urban	子代户籍分类：1. 城镇；0. 乡村
	父代个体特征因素	feduy	父亲受教育年限
		furban	父亲户籍城乡分类：1. 城镇；0. 乡村
		fage	父亲的年龄
		fhealth	父亲健康状况：1～5，由健康到非常不健康
		fmarriage	父亲婚姻状况：1. 是；0. 否
	父代家庭财产因素	lnfas	父亲家庭总资产对数
		lnfhous	父亲家庭住房资产对数
		lnffin	父亲家庭金融资产对数
		lnfop	父亲家庭经营资产对数
		lnfla	父亲家庭土地资产对数

VIF 数值越大，则表明解释变量间共线性越强。因此，通过方差膨胀因子 VIF 检验多重共线性，找出并删除引起多重共线性的解释变量。检验情况如表 5.2 所示，VIF 检验结果表明各个模型变量的 VIF 值均小于 5（理论上小于 10 即不存在多重共线性），因此可进行下一步计算。

表 5.2 模型 VIF 检验结果

Variable	2010				2014			
	（2）		（3）		（2）		（3）	
	VIF	1/VIF	VIF	1/VIF	VIF	1/VIF	VIF	1/VIF
age	1.06	0.945512	2.91	0.343623	1.04	0.964801	3.17	0.315471
eduy	1.26	0.795495	1.54	0.647863	1.14	0.879638	1.22	0.818220
urban	1.16	0.860176	1.32	0.756552	1.07	0.938900	3.09	0.323455
gender	1.10	0.912031	1.10	0.906821	1.06	0.939296	1.08	0.929174
lnfhin	1.12	0.895446	1.15	0.868186	1.05	0.950895	1.09	0.920867
fage			2.93	0.341804			3.17	0.315445

续表

Variable	2010 (2)		2010 (3)		2014 (2)		2014 (3)	
	VIF	1/VIF	VIF	1/VIF	VIF	1/VIF	VIF	1/VIF
furban			1.54	0.650519			3.02	0.331245
feduy			1.39	0.716851			1.16	0.859535
fhealth			1.04	0.960470			1.04	0.964855
fmarriage			1.01	0.990027			1.01	0.994424
Mean VIF	1.14		1.59		1.07		1.90	

2. 异方差检验

在使用传统最小二乘法估计代际收入弹性时，回归模型可能会存在异方差性问题，异方差性是为了保证回归参数估计量具有良好的统计性质，经典线性回归模型的一个重要假定是：总体回归函数中的随机误差项满足同方差性，即它们都有相同的方差。如果这一假定不满足，则称线性回归模型存在异方差性。若存在异方差性，最小二乘回归得到的参数估计量不是有效估计量，甚至也不是渐进有效的估计量，此时，无法对模型参数进行显著性检验。

在实际操作中，可以使用 White test 进行异方差性检测，在此检测中，原假设为：回归方程的随机误差满足同方差性。对立假设为：回归方程中的随机误差满足异方差性。判断原则为：如果 $nR^2 > chi^2(K-1)$，则原假设就要被否定，即回归方程满足异方差性。在回归过程中，异方差检验结果证明存在异方差，因此本文采取用稳健标准误进行修正。

3. 回归结果分析

条件代际收入弹性值通常用来测算代际收入传递的解释力。即为在简单代际收入传递模型基础之上加入相应变量进行回归来得到条件代际收入弹性值。再与简单代际收入传递模型中所得的代际收入弹性值对比，定量分析两者数值差异，从而得到加入的相应变量对代际收入传递的解释力。

我们基于基本模型，逐步加入子代个体特征和父代个体特征，分析子代个体特征和父代个体特征对代际收入系数的影响程度。

由表 5.3 来看，基本模型 2010 年和 2014 年回归结果均表明代际收入弹性值为正，其中 2014 年的代际收入弹性系数值为 0.272，比 2010 年的代际收入弹性系数值 0.534，有一定程度的下降，从数值上看，父代家庭收入对子代影响变小。

表 5.3　考虑子代和父代个体差异的回归结果

Variable	2010			2014		
	(1)	(2)	(3)	(1)	(2)	(3)
lnfhin	0.534***	0.441***	0.446***	0.272***	0.252***	0.252***
	(11.88)	(11.01)	(10.93)	(6.22)	(5.62)	(5.42)
eduy		0.0518***	0.0550***		0.0197**	0.0210**
		(7.07)	(6.74)		(2.20)	(2.25)
urban		0.215***	0.246***		0.115*	0.183*
		(4.02)	(4.29)		(1.82)	(1.78)
gender		0.373***	0.366***		0.295***	0.298***
		(5.92)	(5.79)		(4.55)	(4.61)
age		0.0276***	0.0310***		0.038***	0.0335***
		(5.58)	(3.74)		(7.56)	(3.68)
feduy			0.00329			−0.00297
			(0.50)			(−0.41)
furban			−0.0690*			−0.0772
			(−1.83)			(−0.81)
fage			−0.00298			0.00446
			(−0.46)			(0.61)
fmarriage			−1.610***			−0.0813
			(−19.31)			(−0.35)
fhealth			0.0188			−0.0208
			(0.60)			(−0.82)
Constant	3.669***	3.066***	6.307***	7.083***	5.770***	5.878***
	(7.68)	(7.55)	(12.76)	(14.51)	(11.83)	(8.21)
Observations	890	890	890	831	831	831
R-squared	0.218	0.336	0.343	0.062	0.166	0.168
F	141.19	82.48	45.81	38.65	34.24	17.14
Prob > F	0.0000	0.0000	0.0000	0.0000	0.0000	0.0000
IGE 的变化率		−17.4%	−16.5%		−7%	−7%

注：* 表示 P<0.1；** 表示 P<0.05；*** 表示 P<0.01。

加入子代个体特征因素后，2010 年和 2014 年回归结果都表明加入子代的受教育程度、户籍、性别、年龄后，代际弹性系数都有显著的下降。加入子代个体特征因素后，2010 代际弹性系数变为 0.441，比基本模型降低 0.093，降低幅度达 17.4%；加入父代个体特征后，2010 代际弹性系数变为 0.446，比基本模型降低 0.088，降低幅度达 16.5%；加入子代个体特征因素后，2014 代际弹性系数变为 0.252，比基本模型降低 0.02，降低幅度达 7%；加入父代个体特征后，2014 代际弹性系数变为 0.252，比基本模型降低 0.02，降低幅度达 7%。

对比 2010 年和 2014 年加入子代个体特征模型可知，子代个体特征对代际弹性系数下降有一定的解释力，但是解释力在降低，代际收入弹性系数下降幅度由 17% 降低为 7%。对比 2010 年和 2014 年加入父代个体特征的模型可知，父代个体特征对代际弹性系数下降也有一定的解释力，但是对代际弹性系数下降的解释力在降低，代际收入弹性系数下降幅度由 16.5% 下降至 7%。

这说明，子代个体特征和父代个体特征对代际收入弹性系数有一定的影响程度，即子代和父代个体特征对代际收入传递有正向的影响。也就是说加入子代和父代个体特征后，父代收入对子代收入的影响程度降低，代际收入流动性增强。

从回归系数来看，2010 年和 2014 年子代的受教育程度对子代收入回报率分别为 0.0518 和 0.0197，且都显著；子代的城乡分类对子代收入回报率分别为 0.215 和 0.115，且均显著；子代性别因素对子代收入回报率分别为 0.373 和 0.295，且均显著；子代年龄因素对子代收入回报率分别为 0.0276 和 0.038，且均显著。父代的婚姻状况和户籍情况在 2010 年回归模型中对子代收入报告了显著影响结果，而 2014 年回归结果中并没有报告显著影响。

这说明子代的受教育程度、户籍、性别、年龄等个体特征对子代的收入有显著正向的影响，且在一定程度上增强了代际之间收入流动性。父代个体特征因素对子代的收入没有产生显著影响，在一定程度上增强了代际收入流动性。

（二）基于家庭财产及分项的代际收入流动性影响分析

1. 多重共线性和异方差检验

由表 5.4 可知，考虑父代家庭净财产的模型 VIF 检验中 VIF 值均小于 10，因此可以说明模型不存在多重共线性。对考虑父代家庭净财产的回归模型异方差检验依然用怀特检验，结果表明模型存在异方差，我们采用稳健标准误的方式来修正。最终回归结果如表 5.5 所示。

2. 回归结果分析

我们对基本模型首先加入父代家庭净财产因素，其次加入住房财产、金融资产、经营性资产、土地资产分别进行回归分析，结果如表 5.5 所示。

表 5.4　模型 VIF 检验结果

Variable	2010				2014			
	(2)		(3)		(2)		(3)	
	VIF	1/VIF	VIF	1/VIF	VIF	1/VIF	VIF	1/VIF
lnfhin	1.01	0.993330	1.01	0.990025	1.09	0.919092	1.09	0.913990
lnfas	1.01	0.993330			1.09	0.919092		
lnfhous			1.12	0.893487			1.02	0.972662
lnffin			1.06	0.941489			1.07	0.933112
lnfop			2.93	0.341804			1.03	0.972662
lnfla			5.20	0.192454			1.05	0.954715
Mean VIF	1.01		2.67		1.09		1.05	

表 5.5　基于父代家庭财产分项的回归结果

Variable	2010			2014		
	(1)	(2)	(3)	(1)	(2)	(3)
lnfhin	0.534***	0.540***	0.531***	0.272***	0.226***	0.246***
	(11.88)	(11.97)	(11.89)	(6.22)	(5.04)	(5.39)
lnfas		0.0354**			0.096***	
		(1.96)			(3.71)	
lnfhous			0.00278			0.0166*
			(0.42)			(1.78)
lnffin			-0.000518			0.00954
			(-0.08)			(1.59)
lnfop			-0.00579			-0.0991*
			(-0.38)			(-1.75)
lnfla			0.0173			-0.0149**
			(1.30)			(-2.46)
Constant	3.669***	3.209***	3.605***	7.083***	6.388***	7.201***
	(7.68)	(6.02)	(7.64)	(14.51)	(13.11)	(14.35)
Observations	890	890	890	831	831	831
R-squared	0.218	0.221	0.222	0.062	0.083	0.079
F	141.19	125.83	32.16	38.65	30.36	11.36
Prob > F	0.0000	0.0000	0.0000	0.0000	0.0000	0.0000
IGE 的变化率		1%	-0.6%		-17%	-9.6%

注：* 表示 P<0.1；** 表示 P<0.05；*** 表示 P<0.01。

回归结果显示,2010 年加入父代家庭净财产变量的模型与基本模型相比,代际收入弹性系数上升至 0.540,使得代际收入弹性系数上升 1%,即父代家庭净财产使得代际收入流动性降低。分别加入各财产分项后,代际收入弹性系数下降至 0.531,也就是说父代收入每增加 1 单位,子代收入增加 0.531 个单位,使得代际收入弹性系数下降 0.6%。2014 年加入父代家庭净财产变量的模型与基本模型相比,代际收入弹性系数由 0.272 下降至 0.226,使得代际收入弹性系数下降 17%。分别加入各财产分项后,代际收入弹性系数下降至 0.246,也就是说父代收入每增加 1 个单位,子代收入则增加 0.246 个单位,使得代际收入弹性系数下降 9.5%。

对比 2010 年和 2014 年加入父代家庭净财产模型可知,父代家庭净财产对代际传递有一定的解释力,代际收入弹性系数由增加 1% 变为下降 17%。对比 2010 年和 2014 年加入各分项财产模型可知,各分项财产对代际弹性系数下降有一定的解释力,且对代际弹性系数下降的解释力在增强,代际收入弹性系数下降幅度由下降 0.6% 上升至下降 9.5%。

从父代家庭净财产和各分项财产的回归系数来看,家庭净财产对子代收入回报率 2014 年为 0.096,且在 1% 水平上显著,2010 年为 0.0354,且在 5% 水平上显著。从结果来看,2014 年比 2010 年父代家庭净财产对子代收入回报率提高,说明父代家庭财产对子代收入有显著影响,且影响程度在增强。

从分项财产模型来看,2010 年模型我们没有得到各项财产对子代收入的显著影响结果。2014 年回归模型显示,父代住房财产对子代收入有显著影响,回报率约为 0.0166,即父代住房财产每增加 1 个单位,子代收入则增加 0.0166 个单位。父代经营性资产对子代收入回报率为 -0.0991,即父代经营性资产每增加 1 个单位,子代收入减少 0.0991 个单位,这可能是由于经营性资产价值变动较大,且代际传递较难,经营性资产往往由父代持有,父代增加自身经营性资产,会减少父代对子代的货币资本的支持,经营性资产也不像住房财产可以与子代共享,经营性资产不会直接改变子代生活状态,也就是说父代经营性资产对子代收入有负向影响。父代土地资产对子代收入回报率为 -0.0149,即父代每增加 1 单位土地资产,子代收入会降低 0.0149 个单位,这可能是由于土地资产与经营性资产类似,由父代持有并经营,不能与子代共享,不会直接改变子代生活状态,也就是说父代土地资产对子代收入有负向影响。

（三）基于子代个体特征的财产代际收入流动性影响分析

1. 多重共线性和异方差检验

由表 5.6 可知，考虑父代家庭净财产的模型 VIF 检验中 VIF 值均小于 10，因此可以说明模型不存在多重共线性。对考虑子代个体特征的父代家庭净财产回归模型异方差检验采用怀特检验，结果表明模型存在异方差，我们采用稳健标准误的方式来修正。最终回归结果如表 5.7 所示。

表 5.6 模型 VIF 检验结果

Variable	2010				2014			
	(4)		(5)		(4)		(5)	
	VIF	1/VIF	VIF	1/VIF	VIF	1/VIF	VIF	1/VIF
lnfhin	1.12	0.895446	1.13	0.887960	1.04	0.961801	1.13	0.883747
eduy	1.26	0.795495	1.26	0.794672	1.14	0.879638	1.16	0.863241
urban	1.16	0.860176	1.16	0.859395	1.07	0.938900	1.08	0.922031
gender	1.10	0.912031	1.10	0.910244	1.06	0.939296	1.07	0.938744
age	1.06	0.945512	1.06	0.945404	1.05	0.950895	1.05	0.949323
lnfas			1.01	0.989068			1.16	0.861668
Mean VIF	1.14		1.12		1.07		1.11	

2. 回归结果分析

回归结果（见表 5.7）表明，2010 年考虑子代个体特征和家庭财产因素模型比仅考虑子代个体特征模型的代际收入弹性系数由 0.441 下降至 0.435，下降幅度为 1.36%；2014 年考虑子代个体特征和父代家庭财产因素模型比考虑子代个体特征模型的代际收入弹性系数由 0.252 下降至 0.221，下降幅度为 12.3%，对比两年下降幅度可以看出，下降幅度有了较大程度的上升，也说明父代家庭财产的解释力提高。

从回归系数来看，2010 年父代家庭财产对子代收入的回报率为 0.024，且在 10% 水平上显著，2014 年父代家庭财产对子代收入的回报率为 0.069，且在 1% 水平上显著。对比回报率可知，2014 年回报率比 2010 年回报率有一定程度的提高，父代家庭财产对子代收入有显著的正向影响，即父代家庭财产越高，子代收入程度越高，且这种影响程度在不断提高。

第五章 财产性收入差距代际传递影响机制的实证研究

表5.7 基于子代个体特征和父代家庭净财产回归结果

Var	2010		2014	
	(4)	(5)	(4)	(5)
lnfhin	0.441***	0.435***	0.252***	0.221***
	(11.01)	(11.07)	(5.62)	(4.85)
eduy	0.0518***	0.0515***	0.0197**	0.0160*
	(7.07)	(7.02)	(2.20)	(1.81)
urban	0.215***	0.213***	0.115*	0.0886
	(4.02)	(3.98)	(1.82)	(1.40)
gender	0.373***	0.369***	0.295***	0.300***
	(5.92)	(5.84)	(4.55)	(4.64)
age	0.028***	0.028***	0.038***	0.036***
	(5.58)	(5.57)	(7.56)	(6.96)
lnfas		0.024*		0.069***
		(3.38)		(2.77)
Constant	3.066***	2.776***	5.770***	5.350***
	(7.55)	(6.06)	(11.83)	(11.15)
Observations	890	890	831	831
R-squared	0.336	0.337	0.166	0.176
F	82.48	69.23	34.24	32.74
Prob > F	0.0000	0.0000	0.0000	0.0000
IGE 的变化率		-1.36%		-12.3%

注：*表示 P<0.1；**表示 P<0.05；***表示 P<0.01。

（四）基于子代和父代各要素的代际收入流动性影响分析

1. 多重共线性和异方差检验

由表5.8可知，考虑子代和父代各要素模型 VIF 检验中 VIF 值均小于10，因此可以说明模型不存在多重共线性。对考虑子代个体特征的父代家庭净财产回归模型异方差检验采用怀特检验，结果表明模型存在异方差，我们采用稳健标准误的方式来修正。最终回归结果如表5.9所示。

2. 回归结果分析

回归结果（见表5.9）表明，2010年考虑子代和父代各要素模型比未考虑父代家庭财产的模型代际收入弹性系数由0.446下降至0.439，下降幅度为1.57%；2014年考虑子代和父代各要素模型比未考虑父代家庭财产的模型代际收入弹性系数由 0.252 下降至 0.221，下降幅度为 12.3%，对比两年下降幅度可以看出下降幅度有了较大程度的上升，也说明父代家庭财产的解释力提高。

表 5.8 模型 VIF 检验结果

Variable	2010				2014			
	(6)		(7)		(6)		(7)	
	VIF	1/VIF	VIF	1/VIF	VIF	1/VIF	VIF	1/VIF
age	2.91	0.343623	2.92	0.342591	3.17	0.315471	3.20	0.312566
eduy	1.54	0.647863	1.55	0.646983	1.22	0.818220	1.24	0.807486
urban	1.32	0.756552	1.33	0.753402	3.09	0.323455	3.11	0.321753
gender	1.10	0.906821	1.10	0.904985	1.08	0.929174	1.08	0.927798
lnfhin	1.15	0.868186	1.16	0.862712	1.09	0.920867	1.16	0.863759
fage	2.93	0.341804	2.95	0.339224	3.17	0.315445	3.17	0.315390
furban	1.54	0.650519	1.56	0.643043	3.02	0.331245	3.12	0.320175
feduy	1.39	0.716851	1.40	0.712601	1.16	0.859535	1.17	0.855213
fhealth	1.04	0.960470	1.04	0.960332	1.04	0.964855	1.04	0.963518
fmarriage	1.01	0.990027	1.01	0.989943	1.01	0.964855	1.01	0.993492
lnfas			1.03	0.968576			1.21	0.826813
Mean VIF	1.59		1.55		1.90		1.86	

表 5.9 基于子代和父代各要素的回归结果

Var	2010		2014	
	(6)	(7)	(6)	(7)
lnfhin	0.446***	0.439***	0.252***	0.221***
	(10.93)	(10.97)	(5.42)	(4.70)
eduy	0.0550***	0.0546***	0.0210**	0.0176*
	(6.74)	(6.68)	(2.25)	(1.91)
urban	0.246***	0.241***	0.183**	0.208**
	(4.29)	(4.21)	(1.78)	(2.13)
gender	0.366***	0.363***	0.298***	0.306***
	(5.79)	(5.71)	(4.61)	(4.74)
age	0.0310***	0.0315***	0.0335***	0.0307***
	(3.74)	(3.79)	(3.68)	(3.38)

续表

Var	2010		2014	
	(6)	(7)	(6)	(7)
feduy	0.00329	0.00267	-0.00297	-0.00469
	(0.50)	(0.40)	(-0.41)	(-0.64)
furban	-0.0690*	-0.0641*	-0.0772	-0.139
	(-1.83)	(-1.70)	(-0.81)	(-1.55)
fage	-0.00298	-0.00361	0.00446	0.00478
	(-0.46)	(-0.56)	(0.61)	(0.66)
fmarriage	-1.610***	-1.618***	-0.0813	-0.0588
	(-19.31)	(-19.38)	(-0.35)	(-0.26)
fhealth	0.0188	0.0184	-0.0208	-0.0175
	(0.60)	(0.58)	(-0.82)	(-0.69)
lnfas		0.0205*		0.0751***
		(1.95)		(2.91)
Constant	6.307***	6.084***	5.878***	5.345***
	(12.76)	(11.57)	(8.21)	(7.58)
Observations	890	890	831	831
R-squared	0.343	0.344	0.168	0.1790
F	45.81	41.79	17.14	18.01
Prob > F	0.0000	0.0000	0.0000	0.0000
IGE 的变化率		-1.57%		-12.3%

注：*表示 P<0.1；**表示 P<0.05；***表示 P<0.01。

从回归系数来看，2010 年父代家庭财产对子代收入的回报率为 0.0205，且在 10% 水平上显著，2014 年父代家庭财产对子代收入的回报率为 0.075，且在 1% 水平上显著。对比回报率可知，2014 年回报率比 2010 年回报率有一定程度的提高，父代家庭财产对子代收入有显著的正向影响，即父代家庭财产越高，子代收入程度越高，且这种影响程度在不断提高。

三、研究结论

本节基于 Becker 和 Tomes（1979）的代际收入弹性经典模型和条件代际收入弹性模型，利用 CFPS 成人库、家庭经济数据库及村居库相关数据，分析了子代和父代个体特征差异对代际收入流动性的影响，家庭财产及各分项对代际收入流动性的影响，子代个体特征差异下家庭财产的代际收入流动性影响，融合子代和父代个体特征的家庭财产代际收入流动性影响等问题，得到如下结论：

（1）子代和父代个体特征对代际弹性系数下降有一定的解释力，但是解释力在降低。对2010年、2014年微观数据实证分析表明，子代个体特征和父代个体特征对代际收入弹性系数有一定的影响程度，即子代和父代个体特征对代际收入传递有正向的影响。加入子代和父代个体特征后，父代收入对子代收入的影响程度降低，代际收入流动性增强。

（2）从回归结果来看，子代的受教育程度、户籍、性别、年龄等个体特征对子代的收入有显著正向的影响，且在一定程度上增强了代际之间收入流动性。父代个体特征因素对子代的收入在一定程度上增强了代际收入流动性，但没有得到显著影响的结论。

（3）父代家庭净财产对代际传递有一定的解释力，各分项财产对代际弹性系数下降有一定的解释力，且对代际弹性系数下降的解释力在增强。对比2010年加入父代家庭净财产变量的模型与基本模型，我们得到结论，父代家庭净财产使得代际收入流动性降低；对比2010年和2014年模型，我们得到结论，父代家庭净财产对代际传递有一定的解释力，各分项财产对代际弹性系数下降有一定的解释力，且对代际弹性系数下降的解释力在增强。

（4）从回报率来看，父代家庭财产对子代收入有显著的正向影响，即父代家庭财产越高，子代收入程度越高，且这种影响程度在不断提高。具体来说，父代住房财产对子代收入有显著正向影响，父代经营性资产对子代收入有负向影响，父代土地资产对子代收入有负向影响。

第二节　基于 Bewley 模型的家庭财产代际传递机制实证研究

一、模型及变量说明

（一）基本模型

本节基于第二章介绍的世代交叠的 Bewley 模型进行分析，具体使用的计量模型来自于 Gregg 等（2013）在研究人力资本因素在代际收入流动性中的作用时所使用的实证模型，即代际弹性系数分解法：将父代货币资本对子代货币资本的影响分解为子代人力资本的间接传递和父代货币资本的优势传递两部分。在代际传递模型中常用代际弹性系数 β 来衡量代际间的流动性，代际弹性系数越大，意味着父子代间联系越紧密，流动性越小；反之，弹性系数越小，则代际间流动性越大。

父代家庭财产和子代人力资本间的关系可以用式（5.4）表示：

$$\ln(Y_1) = \alpha + \beta\ln(F_0) + \varepsilon$$

$$\ln(Y_1) = \alpha + \beta\ln(Y_0) + \gamma X_0 + \varepsilon \tag{5.4}$$

其中，Y_1 和 F_0 分别为子代和父代持有的财产水平，本节利用子代收入水平来替代子代家庭财产水平，主要是由于各项微观调研中对子代财产水平不能很好地与父代区分调查，且子代的收入是家庭财产的重要来源，更能在实证检验中得到父代家庭财产对子代财产的影响程度。利用家庭财产取对数来表示父代家庭财产水平。X_0 为父代和子代个体特征相关因素，如受教育程度、性别、年龄、婚姻状况、户籍情况、健康状况等。β 表示父代与子代财产的代际弹性系数，α 表示常数项，ε 表示随机扰动项。

子代的人力资本和父代家庭财产的关系为式（5.5）：

$$Edu_1 = \theta + \varphi\ln(F_0) + \mu$$

$$Edu_1 = \theta + \varphi\ln(F_0) + \gamma X_0 + \mu \tag{5.5}$$

式中，Edu_1 表示子代人力资本投资，φ 表示父代家庭财产和子代人力资本投资间的相关关系。θ 表示常数项，μ 表示随机扰动项。

那么同时考虑父代家庭财产因素和子代人力资本因素时，父代家庭财产、子代人力资本、子代财产之间的关系可以用式（5.6）表示：

$$\ln(Y_1) = \omega + \delta\ln(F_0) + \tau Edu_1 + \rho X_0 + \vartheta \tag{5.6}$$

其中，τ 表示子代人力资本增加 1 个单位，子代财产增加的比例，δ 表示父代家庭财产每增加 1 个单位子代收入（子代财产）的增加比例，X_0 表示父代和子代个体特征相关因素，如受性别、年龄、婚姻状况、户籍情况、健康状况等，ω 表示常数项，ϑ 表示随机扰动项。

那么合并两个公式，我们可以得到：

$$\ln(Y_1) = \alpha + (\tau\varphi + \delta)\ln(F_0) + \partial X_0 + \varepsilon \tag{5.7}$$

式中，τφ 部分表示父代家庭财产对子代财产形成中通过子代人力资本实现的部分，即父代家庭财产的间接作用，而 δ 表示父代家庭财产的直接作用。

（二）数据来源与变量说明

本节沿用上节相关数据，研究对象则具体到家庭中的父代和子代，涉及的变量（见表 5.10）主要有父代家庭财产及财产各分项、父代收入情况、父代个体特性（如父代受教育程度，户籍、健康、婚姻等）、子代个体特性（如性别、年龄、教育年限、户籍等），以及子代个人收入。由于 CFPS 中只有以整个家庭为单位的财产数据，因此将家庭财产数据作为父代家庭财产数据，子代个人收入来代替子代所持有的金融资产。学者隆兴荣（2016）认为，年龄在 18 至 30 周岁之间的子代即使对家庭财富有一定贡献，贡献比例也较少。而本节在选取样本的过程中删除掉了年龄在 18 周岁以下的个体，因此，用家庭财产数据作为父代家庭财产水平并不会对结果产生影响。最后本节选用 2014 年配对的 831 对样本进行实证检验。

表 5.10 变量说明

变量类型		变量代码	变量内容
被解释变量	子代财产水平	lnsincome	子代收入对数
	子代人力资本水平	eduy	子代受教育程度
解释变量子代	父代家庭财产水平	lnfas	父代家庭财产对数
	子代个体特征因素	age	子代年龄
		gender	子代性别
		eduy	子代受教育水平
		urban	子代户籍分类：1. 城镇；0. 乡村
	父代个体特征因素	feduy	父亲受教育年限
		fage	父亲年龄
		furban	父亲户籍城乡分类：1. 城镇；0. 乡村
		fhealth	父亲健康状况：1~5，由健康到非常不健康
		fmarriage	父亲婚姻状况：1. 是；0. 否
	父代家庭财产分项	lnfhous	父亲家庭是否有住房资产：1. 是；0. 否
		lnffin	父亲家庭是否有金融资产：1. 是；0. 否
		lnfop	父亲家庭是否有经营资产：1. 是；0. 否
		lnfla	父亲家庭是否有土地资产：1. 是；0. 否

二、实证结果分析

(一)家庭财产对子代收入的影响

1. 多重共线性和异方差检验

由表 5.11 可知,模型 VIF 检验中 VIF 值均小于 10,因此可以说明模型不存在多重共线性。对回归模型异方差检验采用怀特检验,结果表明模型存在异方差,我们采用稳健标准误的方式来修正。

表 5.11 VIF 检验结果

Variable	(2)		(3)	
	VIF	1/VIF	VIF	1/VIF
age	1.05	0.949530	3.20	0.312654
eduy	1.12	0.889314	1.21	0.824455
urban	1.07	0.935064	3.09	0.323408
gender	1.06	0.941572	1.07	0.932395
fage			3.14	0.318275
furban			3.12	0.320946
feduy			1.15	0.839690
lnfas	1.08	0.927137	1.13	0.885365
Mean VIF	1.08		2.14	

2. 回归结果分析

首先我们对父代家庭财产与子代收入进行分析,回归结果(见表 5.12)表明父代家庭财产对子代收入有显著性的正向影响,且三个模型在 1% 的置信水平上显著。从回归系数来看,父代家庭财产对子代收入的回报系数为 0.133,即父代家庭财产每增加 1 个单位,子代收入增加 0.133 个单位;加入子代个体特征等控制变量后该回报系数为 0.104,即父代家庭财产每增加 1 个单位,子代收入增加 0.104 个单位;加入父代个体特征等控制变量后该回报系数为 0.109,即父代家庭财产每增加 1 个单位,子代收入增加 0.109 个单位。

表 5.12 家庭财产对子代收入的回归结果

	（1）	（2）	（3）
	lnsincome	lnsincome	lnsincome
lnfas	0.133***	0.104***	0.109***
	(5.32)	(4.41)	(4.41)
eduy		0.025***	0.024**
		(2.87)	(2.68)
urban		0.045	0.171**
		(0.71)	(1.87)
gender		0.320***	0.324***
		(4.97)	(5.02)
age		0.035***	0.030***
		(6.66)	(3.26)
feduy			0.001
			(0.14)
furban			−0.154*
			(−1.78)
fage			0.0048
			(0.66)
_cons	8.412***	7.289***	7.101***
	(26.45)	(25.48)	(20.01)
R-squared	0.044	0.139	0.142
F	28.29	32.70	20.88
Prob > F	0.0000	0.0000	0.0000
N	831	831	831

注：*表示 P<0.1；**表示 P<0.05；***表示 P<0.01。

（二）家庭财产对子代人力资本的影响

1. 多重共线性和异方差检验

由表 5.13 可知，模型 VIF 检验中 VIF 值均小于 10，因此可以说明模型不存在多重共线性。对回归模型异方差检验采用怀特检验，结果表明模型存在异方差，我们采用稳健标准误的方式来修正。

表 5.13　VIF 检验结果

Variable	(2)		(3)	
	VIF	1/VIF	VIF	1/VIF
age	1.05	0.955628	3.19	0.313249
urban	1.03	0.968688	3.07	0.325858
gender	1.04	0.962804	1.05	0.953789
fage			0.315626	0.315626
furban			3.12	0.320266
feduy			1.07	0.936648
lnfas	1.04	0.962490	1.11	0.903040
fmarriage			1.01	0.994541
fhealth			1.03	0.970387
Mean VIF	1.04		1.98	

2. 回归结果分析

进一步我们对父代家庭财产与子代人力资本进行分析，回归结果（见表 5.14）表明父代家庭财产对子代人力资本投资有显著性的正向影响，且三个模型在 1% 的置信水平上显著。从回归系数来看，父代家庭财产对子代人力资本投资的回报系数为 0.541，即父代家庭财产每增加 1 个单位，子代收入增加 0.541 个单位；加入子代个体特征等控制变量后该回报系数为 0.480，即父代家庭财产每增加 1 个单位，子代收入增加 0.480 个单位；加入父代个体特征等控制变量后该回报系数为 0.381，即父代家庭财产每增加 1 个单位，子代收入增加 0.381 个单位。

表 5.14　家庭财产对子代人力资本的影响

Variable	(1)	(2)	(3)
	eduy	eduy	eduy
lnfas	0.541***	0.480***	0.381***
	(5.25)	(4.90)	(4.16)
urban		1.353***	1.107**
		(5.48)	(2.30)
gender		-1.095***	-1.132***
		(-4.16)	(-4.45)

续表

Variable	(1) eduy	(2) eduy	(3) eduy
age		-0.0469**	-0.0448
		(-2.12)	(-1.31)
feduy			0.221***
			(8.24)
furban			-0.045
			(-0.10)
fage			0.017
			(0.63)
fmarriage			0.810**
			(1.97)
fhealth			0.105
			(1.03)
_cons	4.440***	6.366***	3.255*
	(3.38)	(4.80)	(1.94)
R-squared	0.048	0.111	0.213
F	27.54	25.81	23.26
Prob>F	0.0000	0.0000	0.0000
N	831	831	831

注：* 表示 P<0.1；** 表示 P<0.05；*** 表示 P<0.01。

(三) 人力资本中介作用分析

1. 多重共线性和异方差检验

由表 5.15 可知，模型 VIF 检验中 VIF 值均小于 10，因此可以说明模型不存在多重共线性。对回归模型异方差检验采用怀特检验，结果表明模型存在异方差，我们采用稳健标准误的方式来修正。

表 5.15　VIF 检验结果

Variable	(1)		(2)		(3)	
	VIF	1/VIF	VIF	1/VIF	VIF	1/VIF
age	3.19	0.313308	3.19	0.313308	3.20	0.312654
eduy					1.21	0.824455

续表

Variable	(1)		(2)		(3)	
	1/VIF	VIF	1/VIF	VIF	1/VIF	VIF
urban	3.07	0.326259	3.07	0.326259	3.09	0.323408
gender	1.04	0.956983	1.04	0.956983	1.07	0.932395
fage	3.14	0.318453	3.14	0.318453	3.14	0.318275
furban	3.12	0.320948	3.12	0.320948	3.12	0.320946
feduy	1.06	0.940126	1.06	0.940126	1.15	0.839690
lnfas	1.10	0.906293	1.10	0.906293	1.13	0.885365
Mean VIF	2.25		2.25		2.14	

2. 回归结果分析

从回归结果（见表5.16）来看，父代家庭财产对子代收入的回归系数为0.119，而在加入人力资本因素之后，父代财产对子代收入的回归系数下降为0.109，这说明子代的人力资本投资在家庭财产的代际传递中起到了一定的中介作用。由模型2父代家庭财产对子代人力资本回归结果可知，父代家庭财产每增加1个单位，子代人力资本增加0.375个单位，且在1%置信水平下显著，而在模型3中我们得到子代人力资本每增加1个单位，子代收入会增加0.024个单位，那么我们能够计算得到子代人力资本的中介效应为0.009，即人力资本因素可以解释父代家庭财产对子代收入水平的7.6%，而父代家庭财产的直接代际传递作用可达到92.4%。

表5.16 人力资本中介作用回归结果

Variable	(1)	(2)	(3)
	lnsincome	eduy	lnsincome
lnfas	0.119***	0.375***	0.109***
	(4.74)	(4.07)	(4.41)
eduy			0.024**
			(2.68)
urban	0.198**	1.111**	0.171**
	(2.17)	(2.31)	(1.87)
gender	0.297***	-1.132***	0.324***
	(4.62)	(-4.46)	(5.02)

续表

Variable	(1) lnsincome	(2) eduy	(3) lnsincome
age	0.0291*** (3.12)	-0.0450 (-1.31)	0.030*** (3.26)
feduy	0.00640 (0.90)	0.220*** (8.17)	0.001 (0.14)
furban	-0.155* (-1.78)	-0.0288 (-0.06)	-0.154* (-1.78)
fage	0.00529 (0.73)	0.0194 (0.72)	0.0048 (0.66)
_cons	7.226*** (19.95)	5.141*** (3.67)	7.101*** (20.01)
R-squared	0.134	0.176	0.142
F	21.06	28.78	20.88
Prob > F	0.0000	0.0000	0.0000
N	831	831	831

注：*表示 P<0.1；**表示 P<0.05；***表示 P<0.01。

从子代和父代个体特征控制变量来看，子代年龄、性别、户籍等因素对子代收入有显著的正向影响，子代性别对子代人力资本有显著的负向影响，即越是男性人力资本投资越少，这也应对了当前高层次学历中女性比例增大的现实。而父代的受教育程度对子代人力资本有正向影响。

（四）家庭财产各分项的代际收入流动性效应

1. 多重共线性和异方差检验

由表5.17可知，模型 VIF 检验中 VIF 值均小于10，因此可以说明模型不存在多重共线性。对回归模型异方差检验采用怀特检验，结果表明模型存在异方差，我们采用稳健标准误的方式来修正。

表5.17 VIF 检验结果

Variable	(2)		(3)	
	VIF	1/VIF	VIF	1/VIF
lnfhous	1.01	0.991314	1.01	0.991314
lnffin	1.03	0.968549	1.03	0.968549

第五章 财产性收入差距代际传递影响机制的实证研究

续表

Variable	(2)		(3)	
	VIF	1/VIF	VIF	1/VIF
lnfop	1.02	0.984399	1.02	0.984399
lnfla	1.03	0.972345	1.03	0.972345
Mean VIF	1.02		1.02	

2. 回归结果分析

我们对父代家庭财产的各分项与子代收入和子代人力资本进行回归分析，回归结果（见表5.18）表明，父代住房财富、金融财产对子代收入和子代人力资本都有显著的正向影响，父代土地资产与子代收入和子代人力资本有显著的负向影响。父代住房财产每增加1个单位子代收入和人力资本分别增加0.0217和0.120个单位；父代金融资产每增加1个单位，子代收入和人力资本分别增加0.0169、0.0795个单位；父代土地资产每增加1个单位，子代收入和人力资本分别减少0.0202和0.215个单位，另外父代经营性财产对子代收入和人力资本的影响我们没有得到一致的结论。

表5.18 各分项财产影响的回归结果

Variable	(1)	(2)
	lnsincome	eduy
lnfhous	0.0217**	0.120***
	(2.30)	(3.18)
lnffin	0.0169***	0.0759***
	(2.87)	(3.26)
lnfop	-0.0564	0.0795
	(-0.93)	(0.36)
lnfla	-0.0202***	-0.215***
	(-3.30)	(-8.90)
_cons	9.833***	10.43***
	(74.88)	(20.12)
R-squared	0.032	0.129
F	6.32	32.32
Prob > F	0.0000	0.0000
N	831	831

注：*表示P<0.1；**表示P<0.05；***表示P<0.01。

三、研究结论

本节基于 Bewley 模型，利用 Gregg 等（2013）在研究人力资本因素在代际收入流动性中的作用时所使用的实证模型，即代际弹性系数分解法，利用 CFPS2014 年截面数据，分析了居民家庭财产对子代收入的影响，居民家庭财产对子代人力资本的影响，人力资本投资中介作用分析，家庭财产各分项的代际收入流动性的影响等问题，得到如下结论：

（1）父代家庭财产对子代收入有显著性的正向影响。基本模型、加入子代个体特征、加入父代个体特征的三个实证模型都表明父代家庭财产水平越高，子代收入水平越高。

（2）父代家庭财产对子代人力资本投资有显著性的正向影响。基本模型、加入子代个体特征、加入父代个体特征的三个实证模型都表明父代家庭财产水平越高，子代人力资本投资越高。

（3）子代的人力资本投资在家庭财产的代际传递中起到了一定的中介作用。经过对比分析回归模型，我们得到人力资本因素可以解释父代家庭财产对子代收入水平的 7.6%，而父代家庭财产的直接代际传递作用可达到 92.4%。

（4）从各财产分项来看，父代住房财富、金融财产对子代收入和子代人力资本都有显著的正向影响，父代土地资产与子代收入和子代人力资本有显著的负向影响。另外父代经营性财产对子代收入和人力资本的影响我们没有得到一致的结论。

（5）从子代和父代个体特征控制变量来看，子代年龄、性别、户籍等因素对子代收入有显著的正向影响，子代性别对子代人力资本有显著的负向影响，即越是男性人力资本投资越少，这也应对了当前高层次学历中女性比例增大的现实。而父代的受教育程度对子代人力资本有正向影响。

第三节　城乡居民家庭财产代际传递机制差异分析

我们以子代的城乡户籍情况分成了城镇样本和农村样本两类分别进行相关检验。对于回归模型我们都进行了 VIF 检验，证明回归模型不存在多重共线性，对于回归模型进行了异方差检验,并且采用稳健标准误的方式进行模型修正,结果与全样本类似,因此不报告相关结果。

一、城乡居民家庭财产代际收入影响差异分析

首先我们分别对城镇样本和农村样本的父代家庭财产水平对子代收入的影响进行分析(见表 5.19),三个回归模型都显示,无论是城镇还是农村父辈家庭财产对子代收入有显著的正向影响,而且农村样本的回报率都高于城镇样本,也就是说农村居民的家庭财产对子代收入的影响程度更大。农村父代家庭财产与子代收入的代际收入弹性系数更大,说明农村居民的代际收入流动性更低,而城镇居民由于子代受教育程度等更高,更容易实现高水平的代际流动性。

表 5.19 分样本家庭财产代际收入影响回归结果

Variable	城镇样本			农村样本		
	(1)	(2)	(3)	(1)	(2)	(3)
	lnsincome	lnsincome	lnsincome	lnsincome	lnsincome	lnsincome
lnfas	0.127***	0.0927***	0.0956***	0.138***	0.125**	0.111**
	(4.81)	(3.68)	(3.74)	(3.42)	(3.10)	(2.99)
eduy		0.0453***	0.0472***		0.0149	0.0192
		(4.36)	(4.19)		(1.00)	(1.24)
gender		0.352***	0.351***		0.228*	0.230*
		(4.63)	(4.60)		(2.04)	(2.04)
age		0.0426***	0.0330**		0.0254**	0.0323*
		(6.78)	(3.00)		(3.05)	(2.24)
feduy			-0.00317			0.00724
			(-0.34)			(0.59)
fage			0.00989			-0.00754
			(1.07)			(-0.63)
furban			-0.0159			0.0605
			(-0.40)			(0.85)
_cons	8.523***	7.016***	6.746***	8.317***	7.774***	7.950***
	(25.16)	(19.69)	(15.38)	(16.66)	(14.94)	(12.99)
R-squared	0.0414	0.1765	0.1788	0.0386	0.0954	0.1004
F	23.14	28.57	16.48	11.68	7.60	4.54
Prob > F	0.0000	0.0000	0.0000	0.0007	0.0000	0.0001
N	538	538	538	293	293	293

注: * 表示 $P<0.1$; ** 表示 $P<0.05$; *** 表示 $P<0.01$。

从控制变量来看，城镇居民子代的受教育程度、年龄、性别都对子代收入有显著的正向影响，而农村居民子代个体特征中年龄、性别对子代收入有显著正向影响，我们都没有得到父代个体特征对子代收入水平的显著性影响结论。

二、城乡居民家庭财产代际人力资本影响差异分析

进一步我们分别对城镇样本和农村样本的父代家庭财产水平对子代人力资本进行回归分析（见表5.20），三个回归模型都显示，无论是城镇还是农村父代家庭财产对子代人力资本投资都有显著的正向影响。从考虑控制变量的模型3来看，农村样本父代家庭财产对子代人力资本的回报率高于城镇样本父代家庭财产对子代人力资本的回报率，这说明农村居民父辈家庭财产对子代人力资本的影响程度更大，也就是说农村居民父辈家庭财产水平越高越有利于子代人力资本投资的进行，子代收入水平也会越高，会实现家庭财富的代际传递影响。

表5.20 分样本家庭财产代际人力资本影响回归结果

Variable	城镇样本			农村样本		
	(4)	(5)	(6)	(4)	(5)	(6)
	eduy	eduy	eduy	eduy	eduy	eduy
lnfas	0.489***	0.507***	0.294**	0.404*	0.404*	0.324*
	(4.72)	(4.95)	(3.01)	(2.58)	(2.59)	(2.10)
gender		-0.896**	-0.885**		-1.483***	-1.428***
		(-2.85)	(-3.04)		(-3.44)	(-3.38)
age		-0.0743**	-0.0906*		0.00157	0.0307
		(-2.86)	(-2.14)		(0.05)	(0.56)
feduy			0.204***			0.124**
			(5.89)			(2.67)
fage			0.0249			-0.0350
			(0.70)			(-0.76)
furban			0.813***			0.677*
			(5.48)			(2.50)
_cons	5.587***	7.992***	6.593***	5.236**	6.268**	6.588**
	(4.19)	(5.54)	(3.96)	(2.70)	(3.12)	(2.86)
R-squared	0.0400	0.0746	0.2103	0.0223	0.0617	0.1137

续表

Variable	城镇样本			农村样本		
	(4)	(5)	(6)	(4)	(5)	(6)
	eduy	eduy	eduy	eduy	eduy	eduy
F	22.31	14.35	23.57	6.64	6.33	6.12
Prob > F	0.0000	0.0000	0.0000	0.0105	0.0004	0.0000
N	538	538	538	293	293	293

注：* 表示 P<0.1；** 表示 P<0.05；*** 表示 P<0.01。

从控制变量来看，城镇居民父代的受教育程度、户籍都对子代人力资本有显著的正向影响，且城镇样本回报率要明显高于农村样本，也就是说城镇居民父辈的个体特征更容易影响到子代的人力资本投资。

三、城乡居民人力资本中介效应差异分析

从回归结果（见表 5.21）来看，城镇样本父代家庭财产对子代收入的回归系数为 0.109，而在加入人力资本因素之后，父代财产对子代收入的回归系数下降为 0.0956，这说明城镇样本子代的人力资本投资在家庭财产的代际传递中起到了一定的中介作用。由模型 2 城镇样本父代家庭财产对子代人力资本回归结果可知，父代家庭财产每增加 1 个单位，子代人力资本增加 0.294 个单位，且在 5% 置信水平下显著，而在模型 3 中我们得到城镇样本子代人力资本每增加 1 个单位，子代收入会增加 0.0472 个单位，那么我们能够计算得到子代人力资本的中介效应为 0.0139，即人力资本因素可以解释父代家庭财产对子代收入水平的 12.7%，而父代家庭财产的直接代际传递作用可达到 87.3%。

农村样本父代家庭财产对子代收入的回归系数为 0.115，而在加入人力资本因素之后，父代财产对子代收入的回归系数变为 0.111。由模型 2 农村样本父代家庭财产对子代人力资本回归结果可知，父代家庭财产每增加 1 个单位，子代人力资本增加 0.324 个单位，且在 10% 置信水平下显著，而在模型 3 中我们得到农村样本子代人力资本每增加 1 个单位，子代收入会提高 0.0192 个单位，那么我们能够计算得到子代人力资本的中介效应为 0.0139，即人力资本因素可以解释父代家庭财产对子代收入水平的 5.4%，而父代家庭财产的直接代际传递作用可达到 94.6%。也就是说城镇居民父辈家庭财产比农村居民父辈家庭财产更多地通过人力资本的中介效应影响子代收入水平，进一步影响子代财产水平。

从模型3子代和父代个体特征控制变量来看，子代年龄、性别因素对子代收入有显著的正向影响，父代个体特征没有得到显著影响子代收入的结论。

表5.21 分样本人力资本中介效应回归结果

Variable	城镇样本			农村样本		
	（1）	（2）	（3）	（1）	（2）	（3）
	lnsincome	eduy	lnsincome	lnsincome	eduy	lnsincome
lnfas	0.109***	0.294**	0.0956***	0.115**	0.324*	0.111**
	(3.91)	(3.01)	(3.74)	(2.33)	(2.10)	(2.99)
eduy			0.0472***			0.0192
			(4.19)			(1.24)
gender	0.309***	-0.885**	0.351***	0.257**	-1.428***	0.230*
	(3.87)	(-3.04)	(4.60)	(2.32)	(-3.38)	(2.04)
age	0.0287**	-0.0906*	0.0330**	0.0317**	0.0307	0.0323*
	(2.25)	(-2.14)	(3.00)	(2.38)	(0.56)	(2.24)
feduy	0.00644	0.204***	-0.00317	0.00486	0.124**	0.00724
	(0.72)	(5.89)	(-0.34)	(0.36)	(2.67)	(0.59)
fage	0.0111	0.0249	0.00989	-0.00687	-0.0350	-0.00754
	(1.17)	(0.70)	(1.07)	(-0.61)	(-0.76)	(-0.63)
furban	0.0225	0.813***	-0.0159	0.0475	0.677*	0.0605
	(0.58)	(5.48)	(-0.40)	(0.79)	(2.50)	(0.85)
_cons	7.057***	6.593***	6.746***	7.824***	6.588**	7.950***
	(16.06)	(3.96)	(15.38)	(12.30)	(2.86)	(12.99)
R-squared	0.152	0.2103	0.1788	0.0386	0.1137	0.1004
F	18.00	23.57	16.48	11.68	6.12	4.54
Prob > F	0.0000	0.0000	0.0000	0.0007	0.0000	0.0001
N	538	538	538	293	293	293

注：*表示P<0.1；**表示P<0.05；***表示P<0.01。

四、研究结论

本节沿用上节的Bewley基本模型，同样利用Gregg等（2013）实证模型，分析CFPS2014年截面数据，以子代的城乡户籍情况分成了城镇样本和农村样本两类分别进行相关检验。最终得到如下结论：

（1）农村居民的家庭财产对子代收入的影响程度比城镇居民家庭财产对子代收入的影响程度更大。农村父代家庭财产与子代收入的代际收入弹性系数更大，说明农村居民的代际收入流动性更低，而城镇居民由于子代受教育程度等更高，更容易实现高水平的代际流动性。

（2）农村居民父代家庭财产对子代人力资本的回报率高于城镇居民父代家庭财产对子代人力资本的回报率。这说明农村居民父辈家庭财产对子代人力资本的影响程度更大，也就是说农村居民父辈家庭财产水平越高越有利于子代人力资本投资的进行，子代收入水平也会越高，会实现家庭财富的代际传递影响。

（3）无论是城镇居民还是农村居民子代的人力资本投资在家庭财产的代际传递中都起到了一定的中介作用，但是作用效果存在差异，城镇居民人力资本的中介作用要大于农村居民人力资本的中介作用。经过计算分析可得，城镇居民人力资本因素可以解释父代家庭财产对子代收入水平的12.7%，而父代家庭财产的直接代际传递作用可达到87.3%。农村居民人力资本因素可以解释父代家庭财产对子代收入水平的5.4%，而父代家庭财产的直接代际传递作用可达到94.6%。城镇居民父辈家庭财产比农村居民父辈家庭财产更多地通过人力资本的中介效应影响子代收入水平，进一步影响子代财产水平。

（4）从控制变量来看，城镇居民子代的受教育程度、年龄、性别都对子代收入有显著的正向影响，而农村居民子代个体特征中年龄、性别对子代收入有显著正向影响，我们都没有得到父代个体特征对子代收入水平的显著性影响结论。城镇居民父代的受教育程度、户籍都对子代人力资本有显著的正向影响，且城镇样本回报率要明显高于农村样本，也就是说城镇居民父辈的个体特征更容易影响到子代的人力资本投资。

第四节　基于代际财产差距的家庭财产代际传递实证研究

一、模型与变量说明

（一）模型构建

本节构建的实证模型分别是基本回归模型、基于父代财产影响的模型、基于父代各财产分项的模型，具体模型来源于代际收入基本模型，并分别加入父代家庭财产和父代家庭财产分项。第二节中代际收入弹性基本模型中解释变量为子代收入对数，而本节我们构建的模型用代际阶层差替换子代收入对数，具体模型为式（5.8）：

$$JCC = \alpha + \gamma_1 \ln FY + \mu$$
$$JCC = \alpha + \gamma_1 \ln FY + \gamma_2 \ln FC + \mu \tag{5.8}$$

（二）变量说明

本节我们用代际阶层差替换子代收入对数作为被解释变量，用父代家庭财产对数减去子代财产对数再除以父代财产对数的比值来衡量代际财产阶层差异。其他变量涉及父代家庭收入、父代家庭财产及各财产分项，我们均采用取对数的方式进行回归分析（见表5.22）。

表 5.22 变量说明

变量类型		变量内容
被解释变量	代际阶层差	父代财产对数（父代财产水平）- 子代收入对数（子代财产水平）／父代财产对数（父代财产水平）
解释变量	父亲家庭总收入	父亲家庭总收入对数
	父代家庭财产因素	父亲家庭总财产对数
		父亲家庭是否有住房财产
		父亲家庭是否有金融财产

二、实证结果分析

1. 多重共线性和异方差检验

模型 VIF 检验中 VIF 值均小于 10，因此可以说明模型不存在多重共线性。对回归模型异方差检验采用怀特检验，结果表明模型存在异方差，我们采用稳健标准误的方式来修正。

2. 回归结果分析

从回归结果（见表5.23）来看，无论基本模型还是加入考察变量的模型，父代家庭收入都对子代财产阶层差距有显著的正向影响，父代家庭收入水平越高，父子间的财产阶层比值越大，也就是说父代家庭收入水平越高，父子间的代际传承就越小，代际流动性就越大，阶级固化的现象就越得到改善。

表 5.23　父子代际财产差距回归结果

	(1) fzb	(2) fzb	(3) fzb
lnfhin	1.699***	1.820***	1.951***
	(11.26)	(11.61)	(11.97)
lnfas		-0.248***	-0.358***
		(-2.70)	(-3.24)
fhoussf			1.287*
			(1.92)
ffinsf			-0.517*
			(-1.95)
_cons	-18.58***	-16.77***	-17.72***
	(-11.09)	(-9.34)	(-9.72)
R-squared	0.1327	0.1403	0.1494
F	126.89	67.58	36.27
Prob > F	0.0000	0.0000	0.0000
N	831	831	831

注：*表示 P<0.1；**表示 P<0.05；***表示 P<0.01。

加入家庭财产变量后，我们发现，父代家庭财产与父子财产阶层差距有显著负相关作用，即父代财产水平每增加 1 单位，代表父子间财产阶层的比值就减少 0.248 个单位，比值越小证明父子间的财产差距越小，也就是说父代财产水平越高，父子间财产差距越小，这也在一定程度上说明父代财产水平对子代财产水平有直接的影响。

我们进一步加入住房财产和金融资产这两项我国居民财产中占有最重要的两项财产作为控制变量进行分析。我们发现父亲是否有住房资产和金融资产对父子间的财产差距有显著的影响。其中父代具有住房资产对父子间财产差距有正向的影响，也就是说父代具有住房财产，父子间的财产差距比就越大，但是回归结果不能表明父代和子代财产水平的大小，父子间财产差距比较大可能是由于父代具有住房财产，子代更容易获得更高水平的财产性收入，且子代往往能够继承父代的住房财产，因此使得父子间财产差距比较大。金融资产对父子间财产差距比有显著的负向影响，即父代具有金融资产，父子间的财产差距比越小，那么子代财产阶层与父代财产阶层越接近。

三、研究结论

本节基于代际收入弹性基本模型，用代际阶层差替换子代收入对数，构建基本回归模型、基于父代财产影响的模型、基于父代各财产分项的模型，利用CFPS相关数据进行分析，最终得出如下结论：

（1）父代家庭收入都对子代财产阶层差距有显著的正向影响，父代家庭收入水平越高，父子间的财产阶层比值越大，也就是说父代家庭收入水平越高，父子间的代际传承就越小，代际流动性就越大，阶级固化的现象就越得到改善。

（2）父代财产水平越高，父子间财产差距越小，这也在一定程度上说明父代财产水平对子代财产水平有直接的影响。

（3）住房资产对父子间财产差距有正向的影响，也就是说父代具有住房财产，父子间的财产差距比就越大，这可能是由于父代具有住房财产，子代越容易获得更高的财产及财产性收入。金融资产对父子间财产差距比有显著的负向影响，即父代具有金融资产，父子间的财产差距比越小，那么子代财产阶层与父代财产阶层越接近。

第五节　本章小结

本章前四节进行了实证分析，第一节为家庭财产的代际收入传递影响实证研究，Becker和Tomes（1979）的代际收入弹性经典模型和条件代际收入弹性模型，利用CFPS成人库、家庭经济数据库及村居库相关数据，分析了子代和父代个体特征差异对代际收入流动性的影响，家庭财产及各分项对代际收入流动性的影响，子代个体特征差异下家庭财产的代际收入流动性影响，融合子代和父代个体特征的家庭财产代际收入流动性影响等问题；第二节为基于Bewley模型和Gregg等（2013）在研究人力资本因素在代际收入流动性中的作用时所使用的实证模型，即代际弹性系数分解法，利用CFPS2014年截面数据，分析了居民家庭财产对子代收入的影响，居民家庭财产对子代人力资本的影响，人力资本投资中介作用分析，家庭财产各分项的代际收入流动性的影响等问题；第三节为城乡居民家庭财产代际传递机制差异分析,进行城乡样本分析,对比城乡父代家庭财产及人力资本的代际收入流动性影响和差别;第四节为基于代际财产差距的家庭财产代际传递实证研究,基于代际收入弹性基本模型,用代际阶层差替换子代收入对数,构建基本回归模型、基于父代财产影响的模型、基于父代各财产分项的模型,利用 CFPS 相关数据分析父代家庭财产和各分项财产对父子代际财产差距的影响。经过以上实证分析主要得到以下结论:

(1)家庭财产对代际收入传递有一定的解释力,各分项财产对代际弹性系数下降有一定的解释力,且对代际弹性系数下降的解释力在增强。

(2)父代家庭财产对子代收入有显著性的正向影响。基于各种模型的实证结果都表明,父代家庭财产水平越高,子代收入水平越高。其中,从财产分项来看,父代住房财产对子代收入有显著正向影响,父代经营性资产对子代收入有负向影响,父代土地资产对子代收入有负向影响;从城乡区别来看,农村居民的家庭财产对子代收入的影响程度比城镇居民家庭财产对子代收入的影响程度更大。农村父代家庭财产与子代收入的代际收入弹性系数更大,说明农村居民的代际收入流动性更低,而城镇居民由于子代受教育程度等更高,更容易实现高水平的代际流动性。

(3)父代家庭财产对子代人力资本投资有显著性的正向影响。基于各种实证模型的结果都表明父代家庭财产水平越高,子代人力资本投资越高。其中,从各分项财产来看,父代住房财富、金融财产对子代收入和子代人力资本都有显著的正向影响,父代土地资产与子代收入和子代人力资本有显著的负向影响。另外父代经营性财产对子代收入和人力资本我们没有得到一致的结论。从城乡区别来看,农村居民父代家庭财产对子代人力资本的回报率高于城镇居民父代家庭财产对子代人力资本的回报率。这说明农村居民父辈家庭财产对子代人力资本的影响程度更大,也就是说农村居民父辈家庭财产水平越高越有利于子代人力资本投资的进行,子代收入水平也会越高,会实现家庭财富的代际传递影响。

(4)子代的人力资本投资在家庭财产的代际传递中起到了一定的中介作用。经过对比分析回归模型,我们得到整体样本人力资本因素可以解释父代家庭财产对子代收入水平的 7.6%,而父代家庭财产的直接代际传递作用可达到 92.4%。无论是城镇居民还是农村居民子代的人力资本投资在家庭财产的代际传递中都起到了一定的中介作用,但是作用效果存在差异,城镇居民人力资本的中介作用要大于农村居民人力资本的中介作用。经过计算分析可得,城镇居民人力资本因素可以解释父代家庭财产对子代收入水平的12.7%，而父代家庭财产的直接代际传递作用可达到87.3%。农村居民人力资本因素可以解释父代家庭财产对子代收入水平的5.4%，而父代家庭财产的直接代际传递作用可达到94.6%。城镇居民父辈家庭财产比农村居民父辈家庭财产更多地通过人力资本的中介效应影响子代收入水平，进一步影响子代财产水平。

（5）父代家庭收入对子代财产阶层差距有显著的正向影响，父代家庭收入水平越高，父子间的财产阶层比值越大，也就是说父代家庭收入水平越高，父子间的代际传承就越小，代际流动性就越大，阶级固化的现象就越得到改善。父代财产水平越高，父子间财产差距越小，这也在一定程度上说明父代财产水平对子代财产水平有直接的影响。住房资产对父子间财产差距有正向的影响，也就是说父代具有住房财产，父子间的财产差距比就越大，这可能是由于父代具有住房财产，子代越容易获得更高的财产及财产性收入。金融资产对父子间财产差距比有显著的负向影响，即父代具有金融资产，父子间的财产差距比越小，那么子代财产阶层与父代财产阶层越接近。

（6）从父代和子代个体特征来看，子代的受教育程度、户籍、性别、年龄等个体特征对子代的收入有显著的正向影响，且在一定程度上增强了代际之间收入流动性。父代个体特征因素对子代的收入在一定程度上增强了代际收入流动性，但没有得到显著影响的结论。城镇居民子代的受教育程度、年龄、性别都对子代收入有显著的正向影响，而农村居民子代个体特征中年龄、性别对子代收入有显著正向影响，我们都没有得到父代个体特征对子代收入水平的显著性影响结论。城镇居民父代的受教育程度、户籍都对子代人力资本有显著的正向影响，且城镇样本回报率要明显高于农村样本，也就是说城镇居民父辈的个体特征更容易影响到子代的人力资本投资。

第六章　合理财产性收入代际流动性的政策建议

提高收入流动性是缩小收入差距的直接动力，而代际间的收入流动更长远地反映了劳动力市场、资本市场、人力资本投资等发展的公平性和效率。我国代际收入流动性总体增强，这也是近几年收入差距趋缓的主要动力之一。家庭财产及财产性收入在各收入阶层间占比不同，其代际传递的作用和方式也存在差异，因此要充分考虑子代和父代、不同收入层次、城乡差异等各方面因素才能够使得政策制度发挥作用。我们分别从子代、父代、政府角度分析不同收入层次的群体应该如何发挥财产和财产性收入的作用，为提高收入的代际流动性提出相关政策建议。

第一节　对子代政策建议

一、低收入阶层

首先，对于低收入群体我们希望充分提高其财产性收入，增加代际向上的流动性的速度，减少父代家庭财产、收入水平、人力资本等对子代收入及子代财产的制约。我国近十年进行了教育、医疗等方面的改革，国家推出一系列扶贫、脱贫政策，全方面增加贫困人口和低收入人群的收入，这些措施很大程度上改变了低收入群体的收入状况。低收入群体的收入虽有一定程度的提高，但是在代际流动上仍然不占优势，尤其是在财产占有量和财产性收入方面，低收入群体积累量很低，也不能充分发挥财产性收入在代内和代际传递中缩小差距的作用。根据前几章的研究结论，低收入群体应该从提高教育水平、健康状况等人力资本投资、选择稳定职业等方面保障收入，提升代际收入流动性。

其次，对于低收入群体来说，提高收入水平是积累财产和提高代际流动性的根本动力。我们在第三章的研究中也发现，低收入群体父代和子代受教育程度普遍较低，父代的收入水平、家庭财产水平、受教育水平对子代的人力资本投资有非常显著的影响，而人力资本投资直接影响子代收入和子代财产水平。对于低收入阶层，父代无论从家庭财产水平还是受教育水平都明显低于中、高收入群体，这也会对子代的人力资本投资水平造成束缚，继而影响子代收入和子代财产的向上流动。第五章实证检验结果也表明，低收入群体子代人力资本投资受父代财产水平限制较大。所以对于低收入阶层的子代来说要提高自身受教育程度，广泛接受多种形式的人力资本投资，提高自身人力资本水平。另外，除了应该增加正规学校教育投资之外，还要尽可能地发展自身能力，接受专业培训，例如技术、知识、投资意识等各方面的培训提升。如果没有能够延长学校教育，应当充分利用职业教育和职业培训来提升人力资本水平。同时低收入群体应该增加健康资本的投资，规避健康人力资本带来的负向影响。充分发挥人力资本在收入增加、财产积累和代际传递中的作用，提高本阶层向上流动的可能。

最后，从职业发展方面，低收入群体容易受到父代职业的约束，因此低收入群体子代应当脱离父代职业的限制，在职业发展中，尽量选择较为稳定的、收入水平和福利水平较好的行业和职业，例如技术含量要求高的技术型职业和管理型职业等，努力脱离父代户籍的影响，选择经济发展水平较高的地区就业，也可尝试新兴行业和职业，因为这类职业收入水平往往较高，能够保障经济收入。

二、中等收入阶层

经过理论和实证研究可知，中等收入群体属于缩小收入差距的中坚力量，其财产占有和财产水平仍然偏低。该群体有向上和向下流动的可能，那么对于中等收入群体的子代，为了提高自身向上流动的可能就要充分提高自身财产性收入、提高教育和健康人力资本投资质量、发展收入水平较高的职业、提高投资理财意识。

首先，中等收入阶层的子代受教育程度和健康状况都比低收入阶层子代好得多。但是该阶层子代尚缺乏经济能力和相关理念追求更加全面和高质量的教育投资。该阶层子代应该发展自身特长，改变单一的学习教育方式，追求更高层次的教育，理论和实践相结合，接受职业培训，实现创新。中等收入阶层在进行教育投资时要将高等学校教育与专业培训相结合，以标准的高等教育为基础和核心，辅助专业培训，提升自身综合素质，训练自身人际沟通，组织协调等各方面的能力。

其次，中等收入阶层往往会选择较为稳定的职业类型，这类职业收入较为稳定但是也难以实现突破，所以很难超越父代，甚至出现借助父代支持完成自身住房资产等的积累，也就是存在一定的"啃老"现象，所以很难实现收入的向上流动。因此子代应该充分发挥自身人力资本的作用，调动自身积极性，增强自身参与劳动力市场的主观能动性和创造性，成为社会的中坚力量。

最后，中等收入阶层要学习投资理财，增强投资理财意识。对于中等收入阶层子代来说，收入有一定的保障，但是消费意识也较强，需要提高投资意识，充分发挥金融财产等投资的作用，实现自身收入的保值增值，充分发挥财产性收入在提高其收入流动性中的作用。

三、高收入阶层

高收入阶层的子代的货币资本和人力资本的禀赋条件较好，并且拥有良好的社会资本、网络关系，没有父代带来的经济压力。所以富裕的高层次生活环境造就了一些"富二代"，这样的称谓一定程度上反映了该群体子代没有很好地保持和发展父代的财富资本和社会资本。所以作为社会占比较少的高收入阶层应该从充分利用财富、财富保值增值、与人为善等方面实现财富的巩固和社会地位的提高。

首先，对高收入阶层子代来说，他们已经拥有了大量的父代给予的财富、社会资源等，所以不应该居于现状，不应该挥霍浪费，应当充分发挥父代财富的优势，实现财富的保值，而不是一味地消费。

其次，高收入群体子代应该提升自身综合能力，整合父代资源，提高创造力，全面打造自身素质，将自身发展成社会精英和拔尖人才。

最后，高收入阶层子代应当以投资理财方式实现资产增值，该群体子代受教育程度较高，投资意识强，有丰富的社会关系网络，所以应该关注财富增值和财富的价值实现。在投资过程中不能过分关注房地产等行业，需要从金融资产等各方面进行投资。也要将财富用于技术创新、管理革新中，充分地发挥财富在国家建设，经济发展中的作用。另外，要实现财富的社会价值，与人为善，合理地将财富应用于教育事业、医疗发展等领域，发展慈善事业，填补政府公共产品的不足，为平衡社会资源，缩小贫富差距，扶危助困提供助力。

第二节　对家庭的政策建议

一、低收入阶层

对于低收入群体家庭来说，由于低收入群体家庭财产水平、收入水平甚至教育程度均较低，严重制约了对子代的教育支出，影响子代人力资本水平。家庭成员更应该改变教育意识、生存观念等方式，为子女未来的发展提供更多的情感支持和更好的人文环境，由此促进子女的身心健康，为将来的收入增加和生活幸福奠定基础。

首先，随着义务教育的普及，2014年教育相关数据显示，我国九年义务教育已经惠及所有该年龄段人群，初中教育也是实现了100%入学。也就是说愿意并且适龄的子代均享受到了免费的初级教育。但是对于低收入阶层来说，让子代接受义务教育也是要负担成本的，例如，子代求学过程中的生活费用，甚至还有低收入家庭认为的子代未参与劳动力市场而失去的经济收入，当然义务教育已经纳入法律保障范围，这部分机会成本是不成立的。所以低收入阶层的家庭应该充分遵守法律，保证子代顺利完成义务教育。当然这种初级的教育更多的是保证其子代基本的生存需求，能够减少子代在年龄较小时误入歧途的可能，降低青少年犯罪率，但是初级的教育并不能起到人力资本的收入效应。低收入家庭对义务教育阶段的子代也很难实现高质量的教育提升，更难以实现全方位的素质教育和特长教育。据研究表明，低收入阶层子代虽然接受了义务教育，但是这一阶层子女教育质量难以保障，教育结果一般。法律规定虽然起到了一定的保障作用，但是低收入阶层尤其是贫困家庭的父代仅仅是履行了基本的义务，并没有对子代在教育质量和教育深化方面进一步进行投入。然而低收入阶层改变家庭命运，增加收入向上流动的可能，就必须做到比其他群体更为勤奋地工作，在子女教育方面也要拿出比其他收入群体更多的精力给予子女关怀与鼓励，树立子女接受教育改变命运的思想，尽一切可能地保障子代接受教育的权利，关注子代受教育的质量，从而弥补收入对受教育水平的约束，为将来子女人力资本的积累及收入提升奠定基础，不辜负为人父母的家庭及社会责任。

其次，低收入阶层的生活压力往往较大，在巨大的收入差距，尤其是财富差距的现实面前，群体面对社会的不公平感、"仇富"心理、精神压力等，有些家庭子代需要面对父代情绪压抑、生活习惯恶劣、家庭环境不和谐等问题，影响子代的身心健康，妨碍其人力资本的积累，继而影响其未来收入的提升。我们虽然没有办法用数据完整严谨地证明生活习惯、家庭和谐程度等对子代性格形成、人力资本、收入等方面的影响，但是父代家庭环境的影响不可忽视。父代婚姻的稳定还能减轻子代的经济和照料负担。所以对低收入阶层家庭来说更应该树立正确的财富观、健康的家庭观，为子代营造良好的家庭环境，帮助子代形成正确的生活态度和习惯。

最后，合理实现家庭的迁移和流动。低收入家庭往往居住和生活在经济发展水平较低的地区和农村，这些地区工资水平较低，教育资源落后，公共设施欠缺。所以低收入阶层的家庭如果有条件实现迁移和流动，对提高收入及提高子代教育水平等都有好处，所以农村劳动力剩余有条件向城镇转移能够帮助低收入阶层实现收入阶层向上流动，也能帮助其子代提高人力资本水平，增加子代收入和财产水平。但是父代流动向城市，而子代在不发达地区留守，造就大量留守儿童的现象需要改善。因为留守状态非常不利于子代的教育和价值观点的形成。所以低收入阶层家庭需要有条件的迁移，能够实现家庭整体迁移才能更好地融入和有利于子代发展。

二、中等收入阶层

中等收入阶层家庭基本上已经较为注重对子女的人力资本投资，子代受教育程度也较低收入阶层高，家庭也具有一定程度的收入和财产积累，所以该阶层家庭应该多方面提高子代人力资本，实现多元化教育，充分发挥家庭财产的作用，保障财产保值增值，发挥财产的作用增加向上流动的可能。

首先，在人力资本投资方面，中等收入阶层家庭子代受教育程度普遍较高，从教育数量上来说是有优势的。但是规范化教育水平需要辅助相关社会实践，所以父代应该为子代提供多元化的教育内容和教育方式，提高子代的综合素质，提高本阶层子代未来在人力资本市场上的竞争力，保障基本收入，发挥人力资本在代际传递中的中介作用。

其次，家庭财产的持有能够促进代际收入向上流动。中等收入阶层家庭收入水平相对于低收入阶层来说要高，家庭已经积累了一定程度的财产，父代也具有一定的投资理财意识，但是投资过程中主要集中在房产等单一渠道，甚至因为投资房产背上巨额负债。所以中等收入阶层的父代更应该进行多渠道的财产投资。比如增加金融资产的比例，股票、证券、期货或者创新型的金融产品。这些金融产品具有一定的投资风险，但是我国政府对于资本市场的监管非常严格，金融产品投资的风险还是可控的，所以增加金融资产的比例，而不是单一的房产投资有利于实现财富增值。家庭财产进行投资，让资本进入市场，也能够充分利用社会财富，帮助实现供给侧的改革，为民族工业的发展，国家创新能力的进步提供支持，与此同时，中等收入群体也能更多地分享改革所带来红利。

最后，中等阶层父代的投资理念和消费观念等都会影响到子代。风险偏好型中等阶层家庭在投资上更大胆冒险，消费理念健康的家庭更容易为子代教育投资积累资本。所以对那些风险规避意识较强的中等收入阶层父代需要更加大胆地进行资产管理，减少子代择业过程中的束缚，在消费观念上，不要形成盲目攀比的心态，更加注重教育投资支出而不是高奢生活。

三、高收入阶层

高收入阶层家庭拥有较高的家庭财富，广泛的社会关系网络，甚至拥有家族产业，对子代的人力资本投资也非常重视，子代受教育水平往往很高，甚至接受的是精英教育。所以对高收入阶层的家庭来说，提高教育的实用性，增强实践和创新能力，培养家族产业文化，实现家庭财富的保值增值，并积极承担社会责任。

首先，高收入阶层家庭父代除了发展家族事业，同时应该注重子代的教育质量提升，注重对子代的精英教育。在代际传递中不仅是要传递给子代货币资本，更需要把父代的打拼精神、经营理念等传递给子代。在为子代营造良好的财富环境和社会资本的前提下，帮助子代形成自我发展的能力。在人力资本投资中要形成子代特色的教育，充分发挥子代的个体特长和优势，除了接管家族财富和产业外，能够形成自己的财富链。

其次，高收入阶层的社会影响性较强，是贫富差距的主要原因。所以作为社会高财富拥有者，应该严格约束自身行为，形成健康的生活方式和消费理念，防止奢侈浪费，起到社会示范表率力量的作用。高额的家庭财富需要更加合理地利用和增值，在投资渠道上要选择多元化渠道，不能仅聚集于房地产市场和资本市场，也要引导财富投入到生产领域，对整体社会生产做出贡献。在消费方式上要从高资源消耗、粗放的方式，向绿色、低碳的集约式转变。

最后，我们国家的高收入阶层的财富积累还处于父代，代际间财富的传递还没有开始或者没有完全实现。所以说，当前高收入阶层形成良性的代际财富传递观非常重要。所以高收入阶层需要形成自己特有的家族文化和理念，良好的家庭氛围和环境，为财富的代际和世代传递建立基础。同时作为高收入阶层，要积极参与慈善事业，为贫富差距的缩小贡献自身力量。

第三节　对政府的政策建议

一、完善市场体制

经济水平高、市场经济活跃的地区，代际收入流动性越强，可以说在发达区域内部，阶层固化的可能性小，但欠发达地区，例如偏远地区、农村地区却恰恰相反，市场化程度不高很可能会导致阶层的固化。如果不加干预地任其发展，其结果会导致欠发达区域内部、东西部区域差距和城乡差距的扩大，所以，我们在建议低收入群体通过迁移到经济发达地区从而改善预期收益时，也同样希望，政府对欠发达地区提供更多的公共产品，出台扶持政策，进一步弥合区域间、城乡间的经济发展差距，加快市场化步伐、城市化步伐，为生活在欠发达地区的低收入群体创造收入良性流动的经济环境。

除此之外，在市场化过程中劳动力市场的市场化程度决定着劳动者的收入分配，劳动力市场分割会对低收入群体收入向上流动造成难以逾越的障碍，所以政府在出台各种政策弥合区域收入差距的同时，还要进一步减少劳动力市场的区域分割、体制分割以及歧视等其他因素导致的效率损失，为低收入群体通过自身努力实现收入提升创造条件。

（1）完善金融市场。金融市场是我国居民财产性收入的主要渠道，因此要提高居民财产性收入，就必须完善金融市场机制，提高居民投资参与程度。具体来说，必须规范股票市场。当前我国股票市场波动频繁，与内幕交易、投机行为、操纵价格等不合规行为有着重要的关系。因此必须实现股票市场的信息公开水平，在证券监管过程中控制操控市场的行为。不断完善证券交易的相关法律法规，通过法律机制打击内幕交易等不法行为，为证券市场健康发展肃清障碍。另外，要规范股票市场的现金分红政策，解决上市公司现金分红过程中的虚假信息、分红过少等行为。

金融资产对收入层级的稳定和提升起着重要的作用，然而目前我国金融市场的发育尤其是资本市场的发育尚处于初级阶段，金融产品的类型非常有限，金融衍生产品市场发育缓慢，债券市场不活跃，尤其是具有一定投资灵活性、收益也比较好的企业债券，与此同时信用评级体系的不健全也会导致投资风险可控性下降，制约着中等收入群体投资金融资产的选择。与金融投资市场的不活跃相比，消费金融的发展速度却十分快。

所以说，不论是金融投资市场还是金融消费市场，都需要在加强政府监管的同时，加快发展步伐，提供更多市场化的金融产品，加快其财富积累的能力，提高金融资产投资，减少各群体的不理性消费。与此同时还要加强金融市场的信用评级管理，营造信息对称的投融资平台，加快各阶层财富积累和增值的速度。

（2）发展债券市场。债券市场在我国城镇居民财产性收入中比重略低，但是也占据了重要的地位。债券因其稳定性高、风险性低、收益性较高，受到居民的广泛认可。当前我国债券市场发展较为缓慢，政府管制较多，规模较小。因此需要进一步建立健全债券市场，从债券发行机制，到市场结构，再到不断开发新的债券产品各个角度全面改革，形成较为开放的统一的债券市场。同时也需要提高债券覆盖范围，吸引广大居民参与到债券市场中去。

（3）健全保险市场。保险市场在我国还处于初级阶段。但是要多方面增加财产性收入，就必须提高居民对于保险市场的重视程度，积极投保，建立对居民财产性收入增加的保险机制。政府也需要进一步地通过政策引导居民正确认识保险业务，积极参与到该市场中去。

（4）完善住房体制。房地产市场直接关系国民基本生活。由于房地产市场不健全，政府不加调控会使得房地产市场发展更为混乱，最终不利于经济发展。因此必须通过货币政策、财政政策、税收政策的共同调控实现对房地产市场的监管和调控。例如，严格房地产企业的信贷管理制度；适时开征遗产税和赠与税，实行宽税基、少税种、有环节的征税机制；建立健全住房保障机制，打击闲置房

第六章 合理财产性收入代际流动性的政策建议

产。通过不断完善土地政策，加强对土地交易的监管。逐步建立透明化的土地供给制度，土地交易公开化，避免政府人员从中寻租。完善土地招标的交易方式，但是政府也要提高对其监督的力度。政府必须严格对房地产厂商的拿地资格和意图进行审查，同时在竞标过程中设定最高价格预防投机行为。另外，需要建立层级政府监督机制，防止地方政府为了实现其利益过度出卖土地。

（5）开发其他形式的增收渠道。例如开发财付通、支付宝、余额宝、财富宝等形式多样的网络大众理财；提高金融机构及非金融机构的社区服务能力，发展社区大众理财等。

二、加大税收调节

中等收入群体的税赋占总收入的比例较高，若想达到促进收入增长、提升收入等级的目标，可以在确定中等收入群体家庭规模的基础上，通过有针对性的税收设计来确定长期稳定的税赋比例及缴税方式。目前，中等收入群体的税赋负担要明显高于低收入群体，如果单纯降低中等收入群体的税赋，很有可能会拉大中低收入群体的差距带来新的不平衡，所以在未来针对中等收入群体的税赋设计中，核心目标是税赋的稳定及合理，并兼顾中等收入家庭财富的增长，在个人所得税和即将推行的房产税的设计中，将家庭规模作为重要的标准，考量家庭人均收入和家庭人均居住面积来征税。

鼓励建立企业年金制度。中等收入群体不同于低收入群体大都有稳定的就业岗位，所以，如果供职于有企业年金制度的公司，就可以额外得到更多的养老保障，从而起到增加财富预期的效果，降低中等收入群体预防风险的储蓄，提升中等收入群体投资人力资本或金融资产的可能，从而达到切实增加家庭财富的目的。

政府调整高收入群体代际收入流动性的政策目标是促进高收入群体竞争性的流动，即实现高收入群体子代的优胜劣汰。具体措施有，加大对高收入群体收入的税收调节，针对高收入群体开征房产税和遗产税；鼓励市场良性竞争，关注企业投融资风险，预防官商勾结形成的特权经济；建立企业征信制度，发展完善金融市场。总体而言，面向高收入群体政策调节的着力点应当放在高收入群体基于其财富积累而形成的特权和信息屏障，为市场经济良性竞争环境创造制度环境。

随着我国高收入群体的可支配收入不断攀高，高收入群体的消费能力也在攀升，同时也暴露了我国相应的税制结构的缺失，也造成高低收入群体财富差距不平等的现象。比如高收入群体可能拥有多套房产，因为没有房产税，就可以享受多套房产出租带来较高的财富增值收益，助推了房地产市场泡沫的形成，提高了中低收入群体购房的成本。在一定程度上，导致了贫富差距的扩大。所以房产税的征收，将有利于制约高收入群体不合理的财富增值，公平财产性收入。

除此之外，遗产税的征收，对调节收入差距，刺激高收入群体子代的奋发图强也起着重要的作用。遗产税涉及的内容广泛，比如个人的不动产以及个人的储蓄存款、债券、珠宝首饰等各种形式的财产。遗产税作为一种限制财富跨代过度积累的税收，已经在很多发达市场经济国家推行，这一举措对提高收入流动性的作用已经得到了经验验证。我国在市场经济发育已经日臻成熟的今天，推行遗产税征税制度，将有利于贫富差距的缩小，改善高收入群体不劳而获的行为。需要注意的是我国目前低收入群体比重偏高，中等收入群体尚未稳定，橄榄型的稳定社会结构并未形成，若不分收入等级地推行遗产税和房产税，很可能造成中等收入群体成长空间的挤压，低收入群体提升收入的欲望下降，所以旨在缩小收入差距的房产税、遗产税的推行应从高收入群体开始。

三、保障教育发展

（一）公平教育资源，发展教育金融

增强低收入群体代际收入流动性最行之有效，并且正外部性最强的办法就是让子女尽可能多地接受教育。而在各个教育阶段，对低收入群体代际流动性作用比较显著的还是基础教育和职业教育。基础教育的公平与质量，直接决定了低收入群体子代的基本素养，而职业教育的覆盖（城乡、区域）与质量，则直接决定了低收入群体子代的收入。

目前我国基础教育覆盖率已然得到大幅度的提升，但依旧存在偏远贫困地区不充分、城市农村不平衡的问题，在基础教育设施以及教师配备方面，偏远贫困地区、农村地区和城市的差距较大，城市内部也存在一定的基础教育分化，择校热并没有得到有效的控制，而低收入群体教育选择的空间则更为狭小，所以，政府公平基础教育资源的政策对于低收入群体子女基础人力资本的形成就显得尤为关键。

除此之外，职业教育对于低收入群体适应劳动力市场，获得稳定收入提供了必要的支持，而目前职业教育的发展还存在参差不齐的情况。职业教育的内容和方式有更强的市场敏感性，政府的投入往往不能应对快速的变化，而民间资本的唯利是图对于职业教育的长远发展也存在一定弊端，所以，针对投资收效期较短的职业教育同样可以参考高等教育助学贷款的模式，以政府为担保，发展以助学贷款为主的教育金融，不仅仅针对极端贫困的受教育群体，而是将受众扩大到有受教育意愿，并且愿意承担投资成本，对未来收入有较高预期的群体。这样既可以避免政府投入的盲目性，同时增加低收入群体对职业教育的识别，实现职业教育市场民间资本的优胜劣汰，从而从职业教育的需求侧推动供给侧的改革，增强职业教育质量，提升低收入群体的人力资本及劳动力市场的适应能力。

（二）普及高等教育金融服务

中等收入群体在基础教育、中等教育的投入基本能够满足子代发展的需要。但子代的高等教育需求在依托家庭投入的同时，应该由政府牵头提升高等教育金融服务的水平。高等教育助学贷款的发展，不应仅仅面向低收入群体，是否接受高等教育，更应当面向中等收入群体，使该收入群体获得更多选择差异化高等教育资源的物质保证。

面向中等收入群体的高等教育金融服务不同于一般意义的助学贷款，它解决的是中等收入群体子代高等教育阶段多元化发展的需求，属于定向的人力资本投融资行为，虽然还款模式可以参照助学贷款的形式，但贷款利率可以有一定程度的上浮，如此，既可以保障中等收入家庭子代的高等教育投资需要，也可以提示他们综合预期收益，理性人力资本投资行为和高等教育期间的消费行为。近年来，非法校园贷行为偶见报端，这种犯罪的滋生从一个侧面也反映了高等教育金融市场的需求，如果政府能够介入管理，填补这一领域的空白，一定能起到抑制犯罪、促进教育投资的目的。以政府为主导的高等教育金融服务，在为中等收入群体父代减轻负担的同时，也培养了子代利用金融服务体系，自食其力，以及自我成长的能力，有利于代际收入流动性的提升。

四、法治和意识引导

（一）建立市场经济良性竞争的法治环境

垄断对高收入群体的吸引力是不言而喻的，不论是脱胎于特权和垄断的高收入群体还是市场化竞争积累财富形成的高收入群体，都渴望凭借自身财富优势形成和巩固垄断，来维持现有的经济地位。如果不加干预，就会严重降低市场经济的竞争效率，形成中低收入群体向上运动的天花板，固化收入流动，拉大收入差距，违背民愿，造成社会的动荡。所以当下，在市场经济改革的关键期，政府必须出台更加行之有效的措施,限制垄断、限制特权经济,时刻将促进市场良性竞争,作为市场监管的目标。

除此之外,对于经济实力强大的超大型企业,政府更需要关注其投融资风险。他们作为金融市场的主要客户,既有资金实力又有资本需求,而金融市场在发展要求的推动下,往往会为了争夺市场而降低风险准入的门槛,可能从短期来看,促进了效率的提升,但以牺牲规则来追求效率,即使造就了一批更高收入的群体,但却蕴藏着巨大的市场经济风险甚至危机。所以,针对高收入群体的收入流动性政策,不仅仅是收入分配和收入再分配的政策,也不仅仅是有形公共产品的政策,而是真正能够促进市场良性竞争,制约特权、预防风险的对策,是把资本放在法治中的对策。

(二)强化信用规范,促进信息对称

金融市场是高收入群体财富增值与放大的关键环节。而信用则是维护金融市场良性运行的基础。货币市场(如商业银行)信用级别要求高,融资审查苛刻,但融资成本低,资本市场(如股票、债券等金融产品市场)则可以面向不同信用等级的客户,提供不同融资成本的金融产品,但不论是货币市场还是资本市场都需要在明确信用水平的前提下来分配资源。缺乏信用评级标准或标准混乱,会严重制约金融市场的发展,限制高收入群体投融资水平的同时,使风险激增。

所以,面对经济发展带动的巨大金融需求,我国信用评级规范的建设的重要性日益凸显。信用评级规范的建设有利于帮助市场来识别,哪些是有实力的和投资价值的高收入群体,从而加强投融资主体间的信息对称,使财富流动到能够实现增值的行业和领域,同时促进投融资主体财富的增加,起到财富对不同收入群体收入的带动作用。而对于那些依靠虚张声势拉拢财富的高收入群体,健全的信用评级规范同样能给予准确的识别,从而减少这部分群体融资的机会和数额,减缓或降低其财富增加的速度,实现其收入的向下流动,形成收入群体内部的有进有出、有上有下。

(三)引导居民建立正确的住房价格心理预期

正确的心理预期建立在公开的、准确的信息基础上,因此要对房地产开发商进行监督,监督其信息公开化、透明化。政府提供专业的信息咨询服务,以政府机构为平台定期公布房地产市场的价格分析报告;另外,政府必须严厉打击投机行为。通过一系列措施帮助居民建立对房地产市场的消费信心,形成正确的心理预期。

参考文献

[1] Aikinson A. Social Juseice and Public Policy [M]. MIT Press. 1983.

[2] Aiyagari S R. Uninsured idiosyncratic risk and aggregate saving [J]. Quarterly Journal of Economics, 1994, 109 (3): 659-684.

[3] Altonji J. G., Dunn T. A. Relationships among the family incomes and labor market outcomes of relatives [Z]. National Bureau of Economic Research, 1991.

[4] Alvaredo F, Saez E. Income and wealth concentration in Spain in a historical and fiscal perspective [J]. Journal of the European Economic Association, 2009, 7 (5): 1140-1167.

[5] Antoni C., Matthew A. Like Father, Like Son: Social networks, human capital investment, and social mobility [R]. California Institute of Technology, Division of the Humanities and Social Sciences, 2005.

[6] Atkinson A B, Gordon J P, Harrison A, et al. Trends in the shares of top wealth-holders in britain, 1923-1981 [J]. Oxford Bulletin of Economics and Statistics, 2009, 51 (3): 315-332.

[7] Atkinson A B, Trinder C G, Maynard A, et al. Evidence on intergenerational income mobility in Britain [J]. Economics Letters, 1978, 1 (4): 383-388.

[8] Atkinson A., Bourgulgnon F., Morrisson C. Empirical studies of earnings mobility [M]. Harwood Academic Publishers, 1992.

[9] Azpitarte F. Measurement and identification of asset-poor households: A cross-national comparison of Spain and the United Kingdom [J]. Journal of Economic Inequality, 2011, 9 (1): 87-110.

[10] Azpitarte F. The household wealth distribution in Spain: The role of housing

and financial wealth [J]. Hacienda Publica Espanola, 2010, 194 (3): 65 –90.

[11] Banerjee A. V., Newman A. F. Occupational choice and the process of development [J]. Journal of political economy, 1993: 274 –298.

[12] Becker G. S, Tomes N. An equilibrium theory of distribution of income and intergeneration mobility [J]. Journal of Political Economy, 1979, 87 (6): 1153 –1189.

[13] Behrman J. R., Taubman P. Intergenerational earnings mobility in the United States: Some estimates and a test of becker's intergenerational endowments Model [J]. Review of Economics and Statistics, 1985, 67 (1): 144 –151.

[14] Blau, Peter M., Duncan, Otis Dudley. The American Occupational Structure [M]. New York: Wiley, 1967.

[15] Blanden Jo, P. Gregg, L. Macmillan. Accounting for inergenerational persistence [J]. EconomicJournal, 2007, 117 (519): 43 –60.

[16] Blanden J., Paul G., Lindsey Macmillan. Accounting for intergenerational income persistence: Noncognitive skills, ability and education [J]. The Economic Journal, 2007, 117 (519): C43 –C60.

[17] Bourguignon F. The impact of economic policies on poverty and income distribution: Evaluation techniques and tools [M]. World Bank Publications, 2003.

[18] Bowles S., H. Gintis. The inheritance of inequality [J]. Journal of Economic Perspectives, 2002, 16 (3): 3 –30.

[19] Brenner M D, Riddle M, Boyce J K, et al. A Chinese sky trust? Distributional impacts of carbon charges and revenue recycling in China [J]. Energy Policy, 2007, 35 (3): 1771 –1784.

[20] Bruun H H. Deficit in community species richness as explained by area and isolation of sites [J]. Diversity and distributions, 2000, 6 (3): 129 –135.

[21] Carroll C D, Slacalek J, Tokuoka K, et al. The distribution of wealth and the MPC: Implications of new european data [J]. The American Economic Review, 2014, 104 (5): 107 –111.

[22] Corak M. Do Poor Children Become Poor Adults? Lessons from a Cross Country Comparison of Generational Earnings Mobility [R]. IZA Discussion Paper No. 1993, 2006.

[23] Cowell F A. Inequality among the wealthy [J]. LSE Research Online Documents on Economics, 2011.

[24] Creamer D, Bernstein M. Front matter, personal income during business cycles [M]. Personal Business Cycles. Greenwood Press, 1956: 42.

[25] Dan A, Fredrik A. Stratification, Social networks in the labor market and intergenerational mobility [J]. The Economic Journal, 2007, 117 (520): 782-812.

[26] Davies J B, Sandstrom S, Shorrocks A F, et al. The global pattern of household wealth [J]. Journal of International Development, 2009, 21 (8): 1111-1124.

[27] Davies J B, Shorrocks A F. The distribution of wealth [J]. Handbook of income distribution, 2000 (1): 605-675.

[28] De Nardi. Mariacristina wealth inequality and intergenerational links [J]. Review of Economic Studies 2004 (71): 743-768.

[29] Fabien Dell, Thomas Piketty, Emmanuel Saez. Income and wealth concentration in switzerland over the 20th Century [J]. Centre for Economic Policy Research, 2005, 5090 (5): 1-40.

[30] Fields G. S. Income mobility [Z]. Cornell University, 2008.

[31] Foster A D, Rosenzweig M R. A Test for Moral Hazard in the Labor Market: Contractual Arrangements, Effort, and Health. [J]. Review of Economics & Statistics, 1994, 76 (76): 213-227.

[32] Galbraith J K, Crook A. The affluent society [M]. Boston: Houghton Mifflin, 1958.

[33] Galor O, Zeira J. Income distribution and macroeconomics [J]. The review of economic studies, 1993, 60 (1): 35-52.

[34] Gong H., Leigh A., Meng X. International income mobility in urban China [J]. Review of Income & Wealth, 2012, 58 (3): 481-503.

[35] Gregg P., Jonsson J. O. Macmillan L, et al. Understanding income mobility: The role of education for intergenerational income persistence in the US, UK and Sweden [R]. Do QSS Working Paper No. 13-12, 2013.

[36] Haider S. J., Solon G. Life-cycle variation in the Association between cur-

rent and lifetime earnings [J]. American Economic Review, 2006, 96 (4): 1308-1320.

[37] Haddad L J, Bouis H E. The Impact of Nutritional Status on Agricultural Productivity: Wage Evidence From the Philippines [J]. Oxford Bulletin of Economics & Statistics, 1991, 53 (1): 45-68.

[38] Hills J, Bastagli F, Cowell F A, et al. Wealth distribution, accumulation and policy [J]. LSE Research Online Documents on Economics, 2013.

[39] Huggett M. Wealth distribution in life-cycle economies [J]. Journal of Monetary Economics, 1996, 38 (3): 469-494.

[40] Iannelli, Paterson. Social class and educational attainment: A comparative study of England, Wales, and Scotland [J]. Sociology of Education, 2007, 80 (4): 330-358.

[41] Jantti M., E. Sierminska, T. Smeeding. The Joint Distribution of Household Income and Wealth: Evidence from the Luxembourg Wealth Study [EB/OL]. OECD Social, Employment and Migration Working Papers, No. 65, OECD Publishing, Paris, 2018. DOI: http: //dx. doi. org/10. 1787/241506164527.

[42] Keister L A. Wealth in America: Trends in wealth inequality [M]. Cambridge University Press, 2000.

[43] Klass O S, Biham O, Levy M, et al. The forbes 400 and the pareto wealth distribution [J]. Economics Letters, 2006, 90 (2): 290-295.

[44] Kopczuk W, Saez E. Top wealth shares in the United States: 1916-2000: Evidence from estate tax returns [J]. National Tax Journal, 2004, 57 (2): 445-487.

[45] Kotlikoff L J, Summers L H. The role of intergenerational transfers in aggregate capital accumulation [J]. Journal of Political Economy, 1981, 89 (4): 706-732.

[46] Krusell P, Smith A A. Income and wealth heterogeneity in the Macroeconomy [J]. Journal of Political Economy, 1998, 106 (5): 867-896.

[47] Lampman R J. Types of property held by top wealth-holders [A] //The share of top wealth-holders in national wealth, 1922-56 [M]. Princeton University Press, 1962: 135-190.

[48] Lerman R I, Yitzhaki S. Income Inequality Effects by Income [J]. The Review of Economics and Statistics, 1985, 67 (1): 151 – 156.

[49] Lerman D L, Mikesell J J. Rural and urban poverty: An income/net worth approach [J]. Review of Policy Research, 1988, 7 (4): 765 – 781.

[50] Leven M. Introduction to " Income in the Various States: Its Sources and Distribution, 1919, 1920, and 1921" [A] //Income in the Various States: Its Sources and Distribution, 1919, 1920, and 1921 [M]. NBER, 1925: 41 – 50.

[51] Levy M, Solomon S. New evidence for the power – law distribution of wealth [J]. Physica A – statistical Mechanics and Its Applications, 1997, 242 (1): 90 – 94.

[52] Liu Z. The economic impact and determinants of investment in human and political capital in China [J]. Economic Development and Cultural Change, 2003 (51): 823 – 850.

[53] Markus Jantti, Eva Sierminska, Timothy M Smeeding. The joint distribution of household income and wealth: Evidence from the luxembourg wealth study [C]. Paper Prepared for the 30th General Conference of The International Association for Research in Income and Wealth, 2008

[54] Mayer S. E. The influence of parental income on children's outcomes [M]. Knowledge management group, ministry of social development, wellington, new zealand, 2002.

[55] Mazumder, Bhashkar. Earnings mobility in the US: A new look at intergenerational inequality [Z]. Working Paper, WP2001 – 18, Federal Reserve Bank of Chicago, 2001.

[56] Mazumder, B. Fortunate sons: New estimates of intergenerational mobility in the US using social security earnings data [J]. Review of Economics and Statistics, 2005, 87 (2): 235 – 255.

[57] Mckinley T, Wang L N. Housing and wealth in rural China [J]. China Economic Review, 1992, 3 (2): 195 – 211.

[58] Mincer J. Investment in human capital and personal income distribution [J]. The journal of political economy, 1958: 281 – 302.

[59] Menchik P L, Jianakoplos N A. Black – white wealth inequality: Is Inherit-

ance the reason? [J]. Economic Inquiry, 1997, 35 (2): 428 – 442.

[60] Oliver M L, Shapiro T M. Black wealth, white wealth: A new perspective on racial inequality [M]. Taylor & Francis, 2006.

[61] Peters H. E.. Patterns of intergenerational mobility in income and earnings [J]. Review of Economics and Statistics, 1992 (74): 456 – 466.

[62] Piketty T, Goldhammer A. Capital in the twenty – first century [M]. Belknap Press, 2014.

[63] Piketty T, Saez E. Inequality in the long run [J]. Science, 2014, 344 (6186): 838 – 843.

[64] Ricardo T Fernholz. A model of economic mobility and the distribution of wealth [Z]. Technical Report, Mimeo, Claremont McKenna College, 2015.

[65] Richard Finlay. The distribution of household wealth in Australia: Evidence from the 2010 HILDA Survey [J]. The DistriBution of householD Wealth in australia, 2012 (3): 19 – 27

[66] Roine J, Waldenstrom D. Wealth concentration over the path of development: Sweden, 1873 – 2006 [J]. The Scandinavian Journal of Economics, 2009, 111 (1): 151 – 187.

[67] Saez E, Zucman G. Wealth inequality in the United States since 1913: Evidence from capitalized income tax data [J]. National Bureau of Economic Research, 2014.

[68] Scholz J K, Levine K. US black – white wealth inequality: A survey [J]. Manuscript, University of Wisconsin – Madison, 2003 (9): 1 – 60.

[69] Sinha S. Evidence for power – law tail of the wealth distribution in India [J]. Physica A – statistical Mechanics and Its Applications, 2006: 555 – 562.

[70] Solon, Gary. Intergenerational income mobility in the United States [J]. American Economic Review, 1992, 82 (3): 393 – 484.

[71] Solon, Gary. Intergenerational Mobility in the Labor Market [J]. Handbook of Labor Economics, 1999 (3A): 1761 – 1800.

[72] Stephen Machin, Anna Vignoles. Educational Inequality: The widening socio – economic gap [J]. Fiscal Studies, 2004, 25 (2): 107 – 128.

[73] Suisse C. Global Wealth Report 2013 [EB/OL]. Zurich: Crédit Suisse.

https：//publications. Credit - suisse. Com/tasks/render/file, 2013.

［74］Takayama N. Household Asset, Wealth Holdings［M］. Chapter 3 in Public Pensions in the Japanese Economy, Manuscript, The Institute of Economic Research. Hitotsubashi University, Tokyo, 1991.

［75］Tormalehto V M. Issues in data quality and comparability in EU - SILC［R］. SSRN Working Paper, 2007.

［76］Vermeulen P. Estimating the top tail of the wealth distribution［J］. The American Economic Review, 2016, 106（5）：646 - 650.

［77］Vermeulen P. How fat is the top tail of the wealth distribution［J］. Review of Income and Wealth, 2018, 64（2）：357 - 387.

［78］Walder A G, He X. Public housing into private assets：Wealth creation in urban China［J］. Social science research, 2014（46）：85 - 99.

［79］Wolff E N, Gittleman M. Inheritances and the distribution of wealth or whatever happened to the great inheritance boom? Results from the Scf and Psid［J］. National Bureau of Economic Research, 2011.

［80］Wolff E N. Recent trends in household wealth, 1983 - 2009：The irresistible rise of household debt［J］. Review of Economics and Institutions, 2010, 2（1）.

［81］Wolff E N. Recent trends in the size distribution of household wealth［J］. Journal of Economic Perspectives, 1998, 12（3）：131 - 150.

［82］Wolff E N. Household wealth trends in the United States, 1962 to 2013：Wh - at Happened over the Great Ression［J］. The Russell Sage Foundation Journal of the Social Sciences, 2016, 2（6）：24 - 43.

［83］Xie Y, Zhou X. Income inequality in today's China［J］. Proceedings of the National Academy of Sciences, 2014, 111（19）：6928 - 6933.

［84］边燕杰. 城市居民社会资本的来源及作用：网络观点与调查发现［J］. 中国社会科学, 2004（03）：136 - 146 + 208.

［85］包颉, 侯建明. 上海城市居民财产性收入问题研究［J］. 上海经济研究, 2008（8）：68 - 71.

［86］陈光政, 林革. 福建省城镇居民财产性收入发展研究［J］. 福建金融, 2008（6）：26 - 29.

[87] 陈家泽. 土地资本化：农村产权制度改革新探索 [N]. 上海证券报, 2008-10-29（B06）.

[88] 陈杰, 苏群. 我国居民代际收入传递机制研究 [J]. 江西社会科学, 2015,（5）: 74-80.

[89] 陈杰, 苏群, 周宁. 农村居民代际收入流动性及传递机制分析 [J]. 中国农村经济, 2016（3）: 36-53.

[90] 陈琳, 沈馨. 父代关系与代际收入流动: 基于教育和就业的视角 [J]. 南方经济, 2016（5）: 34-45.

[91] 陈琳, 袁志刚. 中国代际收入流动的趋势与内在传递机制 [J]. 世界经济, 2012（6）: 115-131.

[92] 陈琳, 袁志刚. 授之以鱼不如授之以渔？——财富资本、社会资本、人力资本与中国代际收入流动 [J]. 复旦学报（社会科学版）, 2012, 54（4）: 99-113+124.

[93] 陈琳. 中国代际收入流动性的实证研究: 经济机制与公共政策 [D]. 复旦大学, 2011.

[94] 陈敏. 家庭财富转移对下一代劳动收入的影响机制研究 [D]. 浙江大学, 2015.

[95] 陈晓枫. 影响居民财产性收入增长的因素分析 [J]. 中国经济问题, 2010（1）: 65-70.

[96] 陈晓枫. 中国城乡居民财产性收入的六大特点 [J]. 福建论坛（人文社会科学版）, 2010（1）: 30-34.

[97] 陈彦斌, 邱哲圣, 李方星. 宏观经济学新发展: Bewley 模型 [J]. 经济研究, 2010, 45（7）: 141-151.

[98] 陈钊, 陈杰, 刘晓峰. 安得广厦千万间: 中国城镇住房体制市场化改革的回顾与展望 [J]. 世界经济文汇, 2008（1）: 43-54.

[99] 陈钊, 陆铭, 佐藤宏. 谁进入了高收入行业？——关系、户籍与生产率的作用 [J]. 经济研究, 2009（10）: 121-132.

[100] 程学斌, 陈铭津, 国家统计局城市司广东调查总队课题组. 城镇居民家庭财产性收入研究 [J]. 统计研究, 2009（1）: 11-19.

[101] 迟巍, 蔡许许. 城市居民财产性收入与贫富差距的实证分析 [J]. 数量经济技术经济研究, 2012（2）: 100-112.

[102] 邓江东, 李玉冰. 城镇化、财产性收入差异、农村金融发展效率与经济增长——以江苏省为例 [J]. 中国林业经济, 2019 (6): 129-132.

[103] 邸玉娜. 包容性发展的理论框架、测度与战略 [D]. 南开大学, 2014.

[104] 方静. 我国贫富差距代际传承问题及对策研究 [D]. 东北财经大学, 2016.

[105] 方鸣, 应瑞瑶. 中国城乡居民的代际收入流动及分解 [J]. 中国人口、资源与环境, 2010, 5 (5): 123-128.

[106] 方鸣, 应瑞瑶. 中国农村居民代际收入流动性研究 [J]. 南京农业大学学报 (社会科学版), 2010 (2): 14-18+26.

[107] 甘犁等. 中国家庭金融调查报告 (2012) [M]. 成都: 西南财经大学出版社, 2012.

[108] 高敏雪, 王丹丹. "群众"所拥有的财产性收入 [J]. 中国统计, 2008 (1): 24.

[109] 高志仁. 农民财产性收入与城乡差距 [J]. 经济科学, 2008 (4): 124-128.

[110] 谷敏. 论中国城镇居民收入代际流动的变动趋势 [J]. 经济师, 2011 (11): 39-40.

[111] 郭丛斌, 闵维方. 教育: 创设合理的代际流动机制——结构方程模型在教育与代际流动关系研究中的应用 [J]. 教育研究, 2009 (10): 5-12.

[112] 郭丛斌, 闵维方. 中国城镇居民教育与收入代际流动的关系研究 [J]. 教育研究, 2007 (5): 7-18.

[113] 郭汝元. 中国家庭财富代际转移的计量分析 [D]. 东北财经大学, 2016.

[114] 郭兴方. 基于多因素的我国城乡收入差距实证分析 [J]. 中国人口·资源与环境, 2005 (4): 17-21.

[115] 韩军辉, 龙志和. 基于多重计量偏误的农村代际收入流动分位回归研究 [J]. 中国人口科学, 2011 (5): 26-35+111.

[116] 何石军, 黄桂田. 代际网络、父辈权力与子女收入——基于中国家庭动态跟踪调查数据的分析 [J]. 经济科学, 2013 (4): 65-78.

[117] 何石军, 黄桂田. 中国社会的代际收入流动性趋势: 2000~2009

[J]. 金融研究, 2013 (2): 19-32.

[118] 贺金昌, 洪传东, 胡巧英. 舟山市城乡居民财产性收入的现状、问题及建议 [J]. 浙江统计, 2009 (1): 35-37.

[119] 胡永远. 代际收入传递性研究评述 [J]. 经济学动态, 2011 (2): 147-151.

[120] 黄林峰. 基于金融性资产的我国居民代际收入传递研究 [D]. 浙江财经大学, 2013.

[121] 黄潇. 如何预防贫困的马太效应——代际收入流动视角 [J]. 经济管理, 2014, 36 (5): 153-162.

[122] 黄祖辉, 陆建琴, 王敏. 城乡收入差距问题研究——基于收入来源角度的分析 [J]. 浙江大学学报 (人文社会科学版), 2005 (4): 122-130.

[123] 季建林. 建立促进农民持续稳定增收的长效机制 [J]. 吉林省经济管理干部学院学报, 2006 (4): 3-9.

[124] 贾康, 孟艳. 我国居民财产分布差距扩大的分析与政策建议 [J]. 经济社会体制比较, 2011 (4): 28-34.

[125] 姜婕. 财产性收入变化对人生价值观的影响及其对策 [J]. 湖南城市学院学报, 2008 (6): 20-22.

[126] 姜晶, 姚荣东. 论增加个人财产性收入的意义 [J]. 广西青年干部学院学报, 2009 (1): 63-65+70.

[127] 蒋兴凡. 城镇居民收入差距代际传递的分位数回归研究 [D]. 安徽大学, 2016.

[128] 瞿晶, 姚先国. 城镇居民收入不平等分解研究 [J]. 统计研究, 2011 (11): 50-55.

[129] 李爱梅. 薪酬福利的激励艺术 [J]. 中国社会保障, 2005 (8): 64-65.

[130] 李金凤, 李晶龙. 财产性收入对中国贫富差距的影响 [J]. 天津经济, 2008 (1): 42-44.

[131] 李金良. 财产性收入与贫富差距——基于城乡收入差距视角的实证研究 [J]. 北京邮电大学学报 (社会科学版), 2008 (3): 49-52.

[132] 李兰, 张荣. 居民财产性收入增长的税收约束与对策研究 [J]. 黑龙江对外经贸, 2011 (1): 151-152.

[133] 李力行, 周广肃. 代际传递、社会流动性及其变化趋势——来自收入、职业、教育、政治身份的多角度分析 [J]. 浙江社会科学, 2014 (5): 11-21.

[134] 李培林, 陈光金. 我国社会经济发展态势与政策建议——2007~2008年中国社会形势分析与预测 [J]. 中国经贸导刊, 2008 (1): 16-19.

[135] 李时华, 张军莲, 郑必清. 论增加居民财产性收入 [J]. 湘潭大学学报 (哲学社会科学版), 2008 (1): 81-84.

[136] 李实, 万海远, 谢宇. 中国居民财产差距的扩大趋势 [D]. 中国收入分配研究院工作论文, 2014.

[137] 李实, 魏众, B. 古斯塔夫森. 中国城镇居民的财产分配 [J]. 经济研究, 2000 (3): 16-23+79.

[138] 李实, 魏众, 丁赛. 中国居民财产分布不均等及其原因的经验分析 [J]. 经济研究, 2005 (6): 4-15.

[139] 李实. 收入分配与和谐社会 [J]. 中国人口科学, 2007 (5): 6-9.

[140] 李小胜. 中国城乡居民代际收入流动分析 [J]. 统计与信息论坛, 2011, 26 (9): 48-54.

[141] 李勇辉, 李小琴. 人力资本投资、劳动力迁移与代际收入流动性 [J]. 云南财经大学学报, 2016, 32 (5): 39-50.

[142] 厉以宁. 提高农民收入是关键 [J]. 书摘, 2007 (11): 42-45.

[143] 梁运文, 霍震, 刘凯. 中国城乡居民财产分布的实证研究 [J]. 经济研究, 2010, 45 (10): 33-47.

[144] 廖添土. 快速提升群众财产性收入是建立和谐社会的重要前提 [J]. 福州党校学报, 2007 (5): 14-17.

[145] 林南, 边燕杰. 中国城市中的就业与地位获得过程 [M]. 北京: 三联书店, 2002.

[146] 林莞娟, 张戈. 教育的代际流动: 来自中国学制改革的证据 [J]. 北京师范大学学报 (社会科学版), 2015 (2): 118-128.

[147] 刘飞, 谢建文. 关于增加农民财产性收入的几点思考 [J]. 商业经济, 2008 (3): 5-6.

[148] 刘凤根. 财产性收入及其经济效应研究 [J]. 湘潭大学学报 (哲学社会科学版), 2008 (5): 40-44.

[149] 刘欢. 农村贫困的父辈代际传递与子辈户口迁移削弱效应研究 [J]. 中央财经大学学报, 2017 (6): 82 - 90.

[150] 刘建和, 邢慧敏, 黄林峰. 我国居民金融性资产收入代际传递影响因素研究 [J]. 商业研究, 2016 (9): 54 - 63.

[151] 刘江会, 唐东波. 财产性收入差距、市场化程度与经济增长的关系——基于城乡间的比较分析 [J]. 数量经济技术经济研究, 2010 (4): 20 - 33.

[152] 刘盼盼. 父辈收入不平等对子辈收入不平等的影响研究 [D]. 山西财经大学, 2016.

[153] 刘巧绒. 增加农民土地财产性收入的土地产权障碍 [J]. 经济研究导刊, 2008 (11): 63 - 64.

[154] 刘小辉, 陈小霞. 证券市场的发展与财产性收入的协整关系研究 [J]. 知识经济, 2009 (4): 47 - 48.

[155] 刘兆征. 山西农民财产性收入问题研究 [J]. 前进, 2009 (4): 34 - 36.

[156] 刘志国, 范亚静. 教育与居民收入代际流动性的关系研究 [J]. 统计与决策, 2014 (22): 101 - 105.

[157] 龙翠红, 王潇. 中国代际收入流动性及传递机制研究 [J]. 华东师范大学学报 (哲学社会科学版), 2014, 46 (5): 156 - 164 + 183.

[158] 龙莹, 张世银. 收入差距持续扩大背景下的收入流动性问题研究 [J]. 浙江工商大学学报, 2011 (1): 66 - 72.

[159] 隆兴荣. 家庭财富积累与代际收入传递的实证研究 [D]. 湘潭大学, 2016.

[160] 卢盛峰, 潘星宇. 中国居民贫困代际传递: 空间分布、动态趋势与经验测度 [J]. 经济科学, 2016 (6): 5 - 19.

[161] 陆磊. 居民的财产性收入、市场准入与宏观调控 [J]. 南方金融, 2007 (11): 4.

[162] 陆艺. 当代中国社会流动 [M]. 北京: 社会科学文献出版社, 2004.

[163] 吕炜, 储德银. 城乡居民收入差距与经济增长研究 [J]. 经济学动态, 2011 (12): 30 - 36.

[164] 吕炜, 杨沫, 王岩. 收入与职业代际流动性研究前沿——测度、比较及影响机制 [J]. 经济学动态, 2016 (6): 109-119.

[165] 罗楚亮. 居民收入分布的极化 [J]. 中国人口科学, 2010 (6): 49-60+111-112.

[166] 罗锋, 黄丽. 我国农村家庭收入流动的影响因素分析: 1989~2009 [J]. 农业技术经济, 2013 (8): 72-81.

[167] 罗富政. 我国城镇居民财产性收入的影响因素: 基于我国省级面板数据的经验研究 [J]. 广东行政学院学报, 2011 (6): 82-88.

[168] 马广奇, 张海燕. 陕西城镇居民财产性收入实证分析 [J]. 西安财经学院学报, 2011 (1): 48-51.

[169] 马明德, 陈广汉. 中国居民收入不均等: 基于财产性收入的分析 [J]. 云南财经大学学报, 2011 (6): 29-35.

[170] 迈克尔, 谢若登. 资产与穷人——一项新的美国福利政策 [M]. 展敏校. 北京: 商务印书馆, 2005.

[171] 彭蕊. 我国代际收入流动机制分解研究 [D]. 陕西师范大学, 2016.

[172] 亓寿伟. 中国代际收入传递趋势及教育在传递中的作用 [J]. 统计研究, 2016, 33 (5): 77-86.

[173] 秦交锋. 居民财产性收入增长存在的问题 [J]. 人民论坛, 2007 (23): 21.

[174] 秦雪征. 代际流动性及其传导机制研究进展 [J]. 经济学动态, 2014 (9): 115-124.

[175] 任净, 赵亚静. 缩小财产性收入差距的对策分析 [J]. 辽宁师范大学学报 (社会科学版), 2009 (2): 35-37.

[176] 舒建玲, 卢海洋. 增加居民财产性收入的意义和措施 [J]. 马克思主义与现实, 2008 (3): 145-148.

[177] 宋辉. 关于提高西部农民财产性收入的思考 [J]. 特区经济, 2008 (3): 198-199.

[178] 宋玉军. 我国大众居民财产性收入的机会创造与政府作为 [J]. 经济前沿, 2008 (4): 45-48.

[179] 宋玉军. 增加居民财产性收入的机会创造与政府作为 [J]. 统计与决策, 2008 (14): 142-144.

[180] 孙三百,黄薇,洪俊杰. 劳动力自由迁移为何如此重要?——基于代际收入流动的视角[J]. 经济研究,2012,47(5):147-159.

[181] 孙涛. 农村不同收入群体收入差距代际传递及其变动[D]. 安徽大学,2016.

[182] 孙文凯,路江涌,白重恩. 中国农村收入流动分析[J]. 经济研究,2007(8):43-57.

[183] 孙文凯. 关于我国收入流动的研究[J]. 统计与决策,2007(23):149-151.

[184] 覃建芹. 城乡收入差距与财产性收入研究——基于长沙2013~2017年数据[J]. 农村经济与科技,2019,30(21):137-141.

[185] 覃建芹. 农村居民财产性收入来源与增收研究[J]. 河北企业,2019(11):81-82.

[186] 唐泽富. 论我国城镇居民财产性收入的新变化、问题及措施[J]. 长江论坛,2008(4):51-53.

[187] 托达罗. 经济发展与第三世界[M]. 印金强等译. 北京:中国经济出版社,1992.

[188] 汪燕敏,金静. 我国教育对代际收入流动的影响——基于代际数据的观察[J]. 管理现代化,2013(3):123-125.

[189] 汪燕敏. 收入代际转移决定因素的分解——来自中国营养与健康调查数据的观察[J]. 西华大学学报(哲学社会科学版),2013,32(5):99-102.

[190] 王芳,周兴. 城乡居民家庭收入流动与长期收入均等[J]. 财经科学,2010(3):37-44.

[191] 王海港. 中国居民家庭的收入变动及其对长期平等的影响[J]. 经济研究,2005(1):56-66.

[192] 王海港. 中国居民收入分配的代际流动[J]. 经济科学,2005(2):18-25.

[193] 王姣,满海红. 中国居民家庭财产性收入增长的实现路径[J]. 沈阳农业大学学报(社会科学版),2011(3):292-295.

[194] 王磊. 谁能进入体制内?——单位制的分化与单位地位的"蜂窝式"再生产[J]. 北京社会科学,2016(1):75-81.

[195] 王学龙,袁易明. 中国社会代际流动性之变迁:趋势与原因[J].

经济研究，2015（9）：58-71.

［196］王宇．中国城镇居民代际收入流动性研究［D］．广西大学，2016.

［197］王悦侠．我国居民财产性收入差距的实证研究［D］．安徽大学，2017.

［198］魏颖．中国代际收入流动与收入不平等问题研究［M］．北京：中国财政经济出版社，2009.

［199］巫锡炜．中国城镇家庭户收入和财产不平等：1995～2002［J］．人口研究，2011（6）：13-26.

［200］吴福象，葛和平．资本占有量差异、收入机会不平等与财产性收入增长——基于扩大贫富差距的机制分析和实证检验［J］．湘潭大学学报（哲学社会科学版），2014（6）：44-49.

［201］吴丽容，陈晓枫．我国居民财产性收入差距、成因及负面效应［J］．福建教育学院学报，2011，12（4）：41-46.

［202］吴彦艳，丁志卿．居民财产性收入的几个问题研究［J］．经济纵横，2007（21）：5-6+17.

［203］夏锋．让土地成为农民财产性收入来源［J］．财会研究，2008（6）：18-19.

［204］夏锋．增加群众财产性收入是缩小贫富差距的重要举措［J］．思想工作，2008（3）：20-21.

［205］夏荣静．增加我国居民财产性收入的研究综述［J］．经济研究参考，2010（66）：39-45.

［206］项松林．居民财产性收入与房屋财产的协整分析——以安徽省城镇居民为例［J］．边疆经济与文化，2008（10）：43-45.

［207］肖红华，刘吉良．提高农民财产性收入的途径［J］．湖南农业大学学报（社会科学版），2008（2）：21-23.

［208］肖争艳，刘凯．中国城镇家庭财产水平研究：基于行为的视角［J］．经济研究，2012（4）：28-39.

［209］谢绵陛．家庭财富、教育及财富的年龄均化——基于CHFS的家庭净资产决定因素研究［J］．东南学术，2017（5）：210-219.

［210］谢婷婷，司登奎，陈文新．结构转型影响贫富差距的微观机理［J］．中国人口资源与环境，2014（6）：134-139.

[211] 谢勇. 人力资本与收入不平等的代际间传递 [J]. 上海财经大学学报, 2006, 8 (2): 49-56.

[212] 谢宇, 张晓波, 李建新等. 中国民生发展报告 2014 [M]. 北京: 北京大学出版社, 2014.

[213] 胥艳花. 公共人力资本投入对代际收入流动性影响的研究 [D]. 浙江财经大学, 2016.

[214] 徐佳, 谭娅. 中国家庭金融资产配置及动态调整 [J]. 金融研究, 2016 (12): 95-110.

[215] 徐俊武, 张月. 子代受教育程度是如何影响代际收入流动性的?——基于中国家庭收入调查的经验分析 [J]. 上海经济研究, 2015 (10): 121-128.

[216] 徐舒, 李江. 代际收入流动: 异质性及对收入公平的影响 [J]. 财政研究, 2015 (11): 23-33.

[217] 薛艳丽. 解读居民财产性收入拓展财富积累渠道 [J]. 唯实, 2008 (2): 62-64.

[218] 薛玉琴. 增加农村居民人均财产性收入的对策 [J]. 经济纵横, 2007 (23): 16-18.

[219] 叶秀娟, 张建勤. 贫富差距对中国社会发展的影响与对策 [J]. 当代世界与社会主义, 2014 (3): 184-188

[220] 严斌剑, 王琪瑶. 城乡代际收入流动性的变迁及其影响因素分析 [J]. 统计与决策, 2014 (17): 91-95.

[221] 杨娟, 张绘. 中国城镇居民代际收入流动性的变化趋势 [J]. 财政研究, 2015 (7): 40-45.

[222] 杨瑞龙, 王宇锋, 刘和旺. 父亲政治身份、政治关系和子女收入 [J]. 经济学 (季刊), 2010, 9 (3): 871-890.

[223] 杨穗, 李实. 中国城镇家庭的收入流动性 [J]. 中国人口科学, 2016 (5): 78-89+127-128.

[224] 杨小燕. 增加财产性收入待破瓶颈 [J]. 上海经济, 2007 (12): 40-42.

[225] 杨新铭, 邓曲恒. 城镇居民收入代际传递现象及其形成机制——基于 2008 年天津家庭调查数据的实证分析 [J]. 财贸经济, 2016 (11): 47-61.

[226] 杨新铭. 城镇居民财产性收入的影响因素——兼论金融危机对城镇居民财产性收入的冲击 [J]. 经济学动态, 2010 (8): 62-66.

[227] 杨亚平, 施正政. 中国代际收入传递的因果机制研究 [J]. 上海经济研究, 2016 (3): 61-72.

[228] 杨娅婕. 对提高我国居民财产性收入问题的思考 [J]. 经济问题探索, 2011 (1): 150-153.

[229] 姚先国, 赵丽秋. 中国代际收入流动与传递路径研究: 1989~2000 [D]. 浙江大学, 2006.

[230] 易宪容. 关于财产性收入的两个重要背景 [J]. 人民论坛, 2007 (23): 14-15.

[231] 尹恒, 李实, 邓曲恒. 中国城镇个人收入流动性研究 [J]. 经济研究, 2006 (10): 30-43.

[232] 禹奎. 我国开征遗产税的现实意义分析 [J]. 涉外税务, 2010 (10): 28-32.

[233] 禹奎. 遗产、赠与和贫富差距——美国学者的研究概述 [J]. 首都经济贸易大学学报, 2010 (1): 57-59.

[234] 袁磊. 我国居民代际收入流动的实现路径——兼文献综述 [J]. 经济问题探索, 2016 (11): 173-181.

[235] 袁文平. "让更多群众拥有财产性收入"的意义重大 [J]. 财经科学, 2007 (11): 1-3.

[236] 曾为群. 分配、金融制度与居民财产性收入增长 [J]. 湖南社会科学, 2008 (2): 127-130.

[237] 张俊伟. 财产性收入与居民消费关系初探 [J]. 重庆理工大学学报 (社会科学), 2010 (5): 4-9.

[238] 张玉丽, 杨国玉. 对增加居民财产性收入的探讨 [J]. 经济问题, 2008 (12): 68-71.

[239] 赵白鸽. 我国居民教育与代际收入流动关系的实证研究 [D]. 首都经济贸易大学, 2017.

[240] 赵尔奎. 财产性收入的政策思考 [J]. 中国物价, 2008 (8): 34-36.

[241] 赵丽秋. 中国代际收入流动与传递路径研究: 1989~2000 [D]. 浙

江大学,2007.

[242] 赵人伟.我国居民收入分配和财产分布问题分析[J].当代财经,2007(7):5-11.

[243] 周荔,曾为群.我国居民财产性收入:存在问题及增加策略[J].南华大学学报(社会科学版),2008(1):27-30.

[244] 周兴,张鹏.代际间的职业流动与收入流动——来自中国城乡家庭的经验研究[J].经济学(季刊),2015,14(1):351-372.

[245] 朱子云.中国城乡居民收入差距的分解分析[J].数量经济技术经济研究,2014,31(2):52-67.